不正調査の 法律 会計 デジタル・フォレンジック の実務

弁護士法人トライデント
アスエイト・アドバイザリー 株式会社 〔編著〕

中央経済社

はしがき

　現在の企業不正の実態については，公認不正検査士協会，公認会計士協会をはじめとする各種団体，会計事務所，法律事務所，コンサルティング会社等から毎年，さまざまな調査報告が上げられているとおり，不正の種類や手口，業種や規模感，発覚の端緒や影響額など実にさまざまです。これら調査報告から一貫してうかがえることは，毎年一定数の不正が絶えず発生するとともに，発覚・公表された不正はあくまで氷山の一角にすぎず，水面下に隠れた不正まで含めると数多くの不正が事実として発生しているということです。特に新型コロナの影響により，企業活動におけるリモートワークが長期化し，上司や同僚による相互牽制が弱体化したことから，着服や横流しなどの不正も横行しており，これらの不正は増加することが予測されます。

　一方，経営者は，会社法上，内部統制システム構築義務を負っており，不正行為を防止する仕組み（内部統制）を構築していなかったことにつき責任が認められることがあります。実際に，取締役個人に巨額の損害賠償責任を認めた裁判例や，内部統制構築義務違反により責任を認めた裁判例も見られます。

　本書は，ある日突然，不正または不正の端緒が発覚したという有事において，経営者が自らの善管注意義務を果たすため，どのような手順で調査等進めていくべきか，各種ガイドライン等も踏まえて実務上知っておくべきことを網羅的に解説したものです。加えて，不正調査におけるデジタル・フォレンジック（犯罪捜査や法的紛争などでコンピュータなどの電子機器に残る記録を収集・分析し，その法的な証拠性を明らかにする手段や技術）についても解説を加えました。

　本書は，弁護士法人トライデントおよびアスエイト・アドバイザリー株式会社の共著として執筆を行いました。弁護士法人トライデントのメンバーは，全員，司法試験と公認会計士試験に合格しており，法律・会計両面から第三者委員会委員をはじめ不正調査の知識経験を豊富に兼ね備えています。また，アスエイト・アドバイザリー株式会社は，デジタル・フォレンジック調査をはじめ各種サイバーフォレンジック分析から再発防止策のコンサルティングを行う専

門集団です。

　本書は単なる法律知識や会計知識の解説書ではなく，より実践的な内容となるよう，著者の経験をふんだんに盛り込んでいます。

　不正調査に携わる皆様が本書を手に取り，万が一自社で不正が発覚したときの有事に備えて，または，すでに不正が発覚してしまった場合の緊急対策として，本書をご活用いただければ，これほど嬉しいことはありません。

令和4年12月

弁護士法人トライデント

アスエイト・アドバイザリー株式会社

執筆者一同

目　　次

はしがき　I

第1章　企業の不正対応の現状

1　企業不正の全体像／2

2　上場会社における不正の実態／3

 (1)　会計不正の公表会社数／3

 (2)　会計不正の類型／4

 (3)　会計不正の手口／5

 (4)　会計不正の主要な業種内訳／6

 (5)　会計不正の発覚経路／7

 (6)　会計不正の関与者と共謀の状況／8

 (7)　会計不正の調査体制／10

 (8)　考　察／11

3　改正公益通報者保護法／12

 (1)　改正公益通報者保護法施行の経緯／12

 (2)　通報体制整備義務／14

第2章　不正対応の概要

1　不正調査における行為規範／18

 (1)　上場会社における不祥事対応のプリンシプル（日本取引所自主規制法人）／18

 (2)　監査役監査基準28条（日本監査役協会）／19

 (3)　不正調査ガイドライン（日本公認会計士協会）／20

 (4)　企業等不祥事における第三者委員会ガイドライン（日本弁護士連合会）／22

2　企業不正（不祥事）対応としての危機管理対策の要点／23

 (1)　企業不正（不祥事）対応の全体像／23

 (2)　不正の端緒／25

⑶　初動対応としての初期調査等／26

⑷　本格調査／28

⑸　捜査当局・監督官庁への対応／31

⑹　メディアへの対応／35

⑺　適時開示等への対応―適時開示と臨時報告書／38

⑻　調査委員会（第三者委員会）の設置／39

⑼　調査終了後の対応／41

◇章末理解度チェック◇／46

第3章　不正調査の法的側面

1　**法的調査の概要**／52

⑴　法的調査の目的／52

⑵　不正調査の法的性質／52

⑶　社会的非難の増大／53

⑷　複雑・専門化／54

2　**調査準備段階**／55

⑴　調査体制／55

⑵　調査計画／57

⑶　調査範囲／59

3　**本格調査段階**／60

⑴　調査の全体像／60

⑵　調査協力義務／62

⑶　調査対象者の処遇／65

⑷　客観的証拠の保全・収集／67

⑸　各種ヒアリング／79

⑹　証拠の検証・分析／93

⑺　アンケート・専用ホットライン／94

4　**報告段階**／97

⑴　調査報告書の作成／97

5　**処分対応**／104

⑴　社内処分／104

⑵　民事責任／105

⑶　刑事責任／106

　6　法的側面に関連する事例／106

⑴　事例1：品質偽装（S社）／106

⑵　事例2：情報漏えい（M社）／107

⑶　事例3：違法建築（L社）／109

⑷　事例4：リニア談合（O社）／110

⑸　事例5：外国公務員への贈賄（T社）／112

◇章末理解度チェック◇／114

第4章　不正調査の会計的側面

　1　フォレンジック・アカウンティングとは何か／118

⑴　フォレンジック・アカウンティングの概要／118

⑵　財務諸表監査との違い／119

　2　不正調査のアプローチ／121

⑴　仮説検証アプローチ／121

⑵　訴訟を想定した行動／121

⑶　全般的な事項から具体的な事項へ／122

⑷　合理的な推定／123

　3　情報収集／123

⑴　情報収集の位置づけ／123

⑵　一般的な情報収集の方法／124

⑶　情報収集とプライバシーとの関係／125

⑷　電子データの収集／125

⑸　インタビューによる情報の収集／126

⑹　現物の視察／127

　4　情報分析／127

⑴　情報分析の位置づけ／127

⑵　財務分析／128

　5　仮説の構築／130

　6　不正の手口／131

⑴　会計操作の構造／131

⑵　不正の類型／133

(3) 粉飾決算／133

(4) 資産の流用／136

7 仮説の検証／142

(1) 調査手続／142

(2) 事実認定／145

8 勘定科目ごとの調査における留意点等／145

(1) 現　金／146

(2) 預　金／149

(3) 受取手形／151

(4) 売掛金／153

(5) 棚卸資産／157

(6) 有価証券，その他の投資資産／159

(7) 買掛金，未払債務／160

(8) 簿外債務／163

9 調査報告／165

10 フォレンジック・アカウンティングに関連する事例／166

(1) 事例1：架空発注（H社）／166

(2) 事例2：架空在庫の計上（J社）／168

(3) 事例3：連結外し（F社）／170

(4) 事例4：工事進行基準（T社）／171

(5) 事例5：役員の不正報酬（N社）／173

◇章末理解度チェック◇／176

第5章　不正調査とデジタル・フォレンジック

1 デジタル・フォレンジックの概要／182

(1) デジタル・フォレンジックとは／182

(2) デジタル・フォレンジックの活用／184

(3) デジタル・フォレンジック普及の背景／185

(4) デジタル・フォレンジックの必要性／186

(5) デジタル・フォレンジックの活用例／187

(6) デジタル・フォレンジック調査の流れ／188

2　初期調査段階／195
　⑴　どのようなI/Oデバイスが使われているか／196
　⑵　証拠保全の作業／201
3　本格調査段階／208
　⑴　コンピュータの場合／209
　⑵　スマートフォンの場合／210
　⑶　データ復元／210
　⑷　分析および解析／212
4　報告段階／214
　⑴　コンピュータおよびスマートフォン／214
5　ネットワーク・フォレンジック／215
　⑴　ネットワーク・フォレンジックの位置づけ／215
　⑵　コンピュータ・フォレンジックとネットワーク・フォレンジックの違い／216
　⑶　ネットワーク・フォレンジックの目的／217
　⑷　ネットワーク・フォレンジックの基本的な流れ／218
　⑸　ネットワーク・フォレンジックの課題／220
6　企業・組織におけるフォレンジックの内製化／222
　⑴　調査担当／222
　⑵　IT担当／222
　⑶　CSIRTの担当／223
　⑷　フォレンジック専門家／223
　⑸　インシデント対応担当のスキル／224
　⑹　他部署や外部組織との連携／224
　⑺　フォレンジックに関するコスト／225
7　eディスカバリー／225
8　デジタル・フォレンジックにおける事例／227
　⑴　事例1：経理担当の横領／227
　⑵　事例2：取締役の背任行為および機密情報の流用／228
　⑶　事例3：機密情報の漏えい／230
　⑷　事例4：現地法人役員の横領（海外）／231

◇章末理解度チェック◇／233

索　　引／237

第 1 章

企業の不正対応の現状

1　企業不正の全体像

　不正とはさまざまな意味を含む広範な概念であるが，本書においては，日本公認会計士協会の不正調査ガイドライン（第2章－1(3)）にならい，「法律，規則及び基準（会計基準を含む。）並びに社会倫理からの逸脱行為」と定義する。ここでいう不正とは違法行為を含む不正や不祥事[1]も包含する内容である。同ガイドラインによれば，不正の分類および例示を【図表1】のとおりまとめており，不正は，資産の流用，不正な報告，汚職に大きく3分類される。

　一方，監査人が財務諸表監査において対象とする重要な虚偽表示の原因となる不正について，日本公認会計士協会監査基準委員会（2019）「監査基準委員会報告書240」によれば「不当または違法な利益を得るために他者を欺く行為を伴う，経営者，取締役，監査役等，従業員または第三者による意図的な行為」と定義される。具体的な類型としては，架空売上の計上，収益ないし費用計上時期の操作，負債・費用の隠蔽，不適正な資産評価，不適正な情報開示，逆粉飾（資産・収益の過少表示，または負債・費用の過大計上）等があり，【図表1】では太字の領域に相当する。

1　日本弁護士連合会の「企業等不祥事における第三者委員会ガイドライン」（第2章－1(4)参照）によれば，企業等において，犯罪行為，法令違反，社会的非難を招くような不正・不適切な行為等を「不祥事等」と定義している。

【図表1】不正調査ガイドラインにおける不正の例示

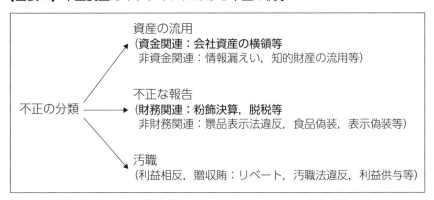

※太字部分は,「財務諸表監査における不正の領域」

2　上場会社における不正の実態

　日本の上場会社における不正の実態データとして，日本公認会計士協会の経営研究調査会研究資料第9号「上場会社等における会計不正の動向（2022年版）」においては以下の報告がなされている。このデータは，各証券取引所における適時開示制度等で会計不正に関する公表のあった上場企業等を対象として集計したものである。もっとも，財務諸表作成のための基礎データの処理上の誤りや会計基準の誤解による財務諸表金額の誤り等の誤謬のみを公表した上場会社等は集計の対象としておらず，外部からの不正行為，架空取引などについて，自社の役職員が不正行為に関与していないとの調査結果を公表している上場会社は集計対象外である。

(1)　会計不正の公表会社数

　【図表2】のとおり，2018年3月期から2022年3月期において会計不正の発覚の事実を公表した上場会社数は，累計で164社（1年当たり平均で約33社）であった。

　2022年3月期は前期より6社増加した31社であった。2018年3月期から2022年3月期までの直近5年間では2020年3月期が46社と急増しているが，これは同一の会社や同一の会社グループでありながら，複数回にわたり会計不正を公表している上場会社等が存在したことによるものであると考えられる。

【図表2】会計不正の公表会社数の推移（単位：社数）

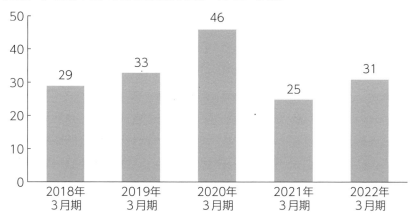

注：2021年度3月期の25件のうち1件は2022年5月24日現在報告書が公表されておらず，今後数値は変更される可能性がある。
（出所）日本公認会計士協会　経営研究調査会研究資料第9号「上場会社等における会計不正の動向（2022年版）」3頁

(2)　会計不正の類型

　【図表3】の類型別件数は会計不正を公表した会社における手口が複数存在する場合，手口ごとにカウントするため**【図表2】**の会計不正を公表した会社数とは一致しない。2022年3月期においては，粉飾決算44件（83％）に対し資産の流用9件（17％）であった。上場会社等が適時開示基準に則り公表する場合，金額基準により少額の不正は開示対象外となるので，一般的に粉飾決算よりも影響額が少額となる資産の流用のほうが開示対象から外れるケースが多い。少額のため開示対象から外れた不正まで含めれば，資産の流用のほうが件数は

多くなると考えられる[2]。

【図表3】会計不正の類型別の推移（単位：件数）

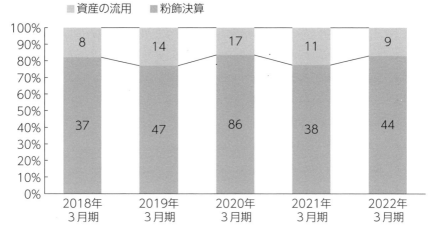

（出所）日本公認会計士協会 経営研究調査会研究資料第9号「上場会社等における会計不正の動向（2022年版）」3頁

(3)　会計不正の手口

【図表4】の不正の手口別件数をみると，売上の過大計上に関する会計不正が多いことがわかる。売上は会社経営にとって重要な指標であり，これを操作すれば利益も連動するので業績をよく見せかけるため売上関連の会計不正が多いと考えられる。

2022年3月期では，公表された会計不正のうち50％が収益関連（売上の過大計上，循環取引，工事進行基準[3]）の会計不正である。

2　日本公認不正検査士協会発行の「2022年度版　職業上の不正と濫用に関する国民への報告書」では，類型別の不正の件数に占める割合は，資産の不正流用（86％），汚職（50％），財務諸表不正（9％）であり，不正流用の件数が一番多いことがわかる。

【図表4】粉飾決算の手口別の推移（単位：件数）

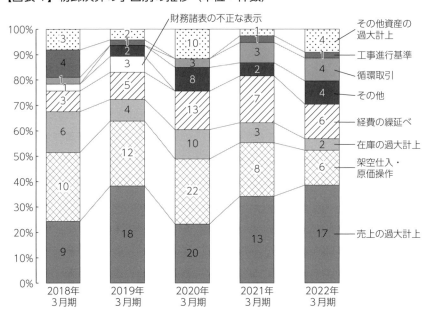

（出所）日本公認会計士協会 経営研究調査会研究資料第9号「上場会社等における会計不正の動向（2022年版）」4頁

(4) 会計不正の主要な業種内訳

【図表5】は，2018年3月期から2022年3月期までの直近5年間の類型データとして会計不正が行われた事業が判明しているものを業種別に分類したものである。これは会計不正の事実を公表した上場会社等が分類される業種ではなく，会計不正が行われた事業をもとに分類している。

3　2021年4月1日以後開始する事業年度から，企業会計基準第29号「収益認識に関する会計基準」および企業会計基準適用指針第30号「収益認識に関する会計基準の適用指針」が強制適用となり，これに伴い企業会計基準第15号「工事契約に関する会計基準」，企業会計基準適用指針第18号「工事契約に関する会計基準の適用指針」および実務対応報告17号「ソフトウェア取引の収益の会計処理に関する実務上の取扱い」は廃止されたが，便宜上，工事進行基準と記載している。

　過去5年間において，業種別では，サービス業が27社（17%），卸売業が21社（13%），電気機器業が17社（10%），建設業が14社（8.5%），情報・通信業が13社（8%）であった。

【図表5】会計不正の主要な業種内訳（単位：社数）

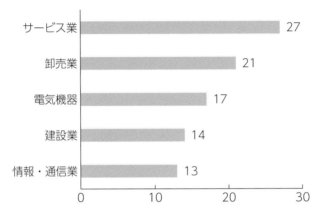

注1：2018年3月期から2022年3月期において，会計不正の発覚の事実を公表した上場会社：164社。
（注2は省略）
（出所）日本公認会計士協会　経営研究調査会研究資料第9号「上場会社等における会計不正の動向（2022年版）」5頁

(5)　会計不正の発覚経路

　【図表6】は，2018年3月期から2022年3月期までの直近5年間の類型データとして会計不正のうち，不正の発覚経路が判明するものを分類したものである。

　発覚経路としては，会社の内部統制等によって発覚したケース（44件）が一番多かった。その他にも，当局の調査等により発覚（25件），内部通報により発覚（22件），公認会計士監査により発覚（18件），取引先からの照会等により発覚（17件）などもケースとして多い。

　日本において内部通報のケースが少ない理由としては，制度自体に対する抵

抗感や本来の用途で利用されていないこと，内部通報者保護の実効性に対する懸念等が指摘されている。

【図表６】会計不正の発覚経路（単位：社数）

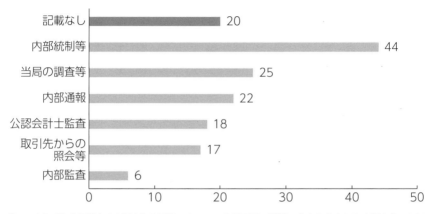

注１：2018年３月期から2022年３月期において，会計不正の発覚の事実を公表した上場会社：164社

注２：当局の調査等には，税務調査や証券取引等監視委員会などの調査が含まれる。（以下略）

（出所）日本公認会計士協会　経営研究調査会研究資料第９号「上場会社等における会計不正の動向（2022年版）」８頁

(6)　会計不正の関与者と共謀の状況

【図表７】は，2018年３月期から2022年３月期までの直近５年間の類型データとして会計不正のうち，不正の主体的関与者が判明するものを，単独犯・共謀（内部共謀・外部共謀）に分類したものである。

【図表7】 会計不正の関与者の共謀の有無 （単位：社数）

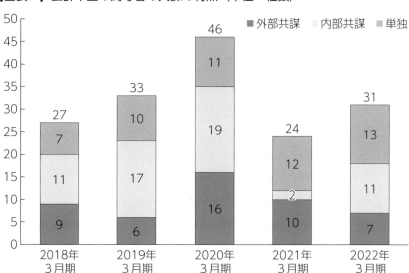

（出所） 日本公認会計士協会 経営研究調査会研究資料第9号 「上場会社等における会計不正の動向 （2022年版）」 9頁

- ●単独犯： 共謀せず単独で会計不正を実行
- ●内部共謀：従業員同士または管理職や役員の指示の下，会計不正を実行
- ●外部共謀：協力会社等の外部と共謀して会計不正を実行

　2022年3月期では，公表された会計不正31社のうち，単独犯が13件（42％），内部共謀が11件（35％），外部共謀が7件（23％）であった。

　また，会計不正の主体的関与者と共謀の状況をまとめたものが【図表8】である。これによると，役員および管理職が外部共謀または内部共謀により会計不正を実行するケースが多いことがわかる。

【図表8】会計不正の関与者と共謀の状況（単位：社数）

	役員＋管理職	非管理職
外部共謀＋内部共謀	87 外部　内部 35　52	21
単独	27	26

（出所）日本公認会計士協会 経営研究調査会研究資料第9号「上場会社等における会計不正の動向（2022年版）」10頁

(7) 会計不正の調査体制

　【図表9】は，2018年3月期から2022年3月期までの直近5年間の類型データとして会計不正のうち，不正調査体制が判明するものを分類したものである。

　なお表中の「社内」とは，社内人員のみならず社外監査役等も含めている。

　2021年3月期までは，社内＋外部専門家の割合が一番多かったが，2022年3月期は，社内＋外部専門家の割合が減少し（8件，26％），代わりに外部専門家のみの割合がこれを追い抜いて17件（55％）まで増加している。

【図表9】会計不正の不正調査体制の推移（単位：社数）

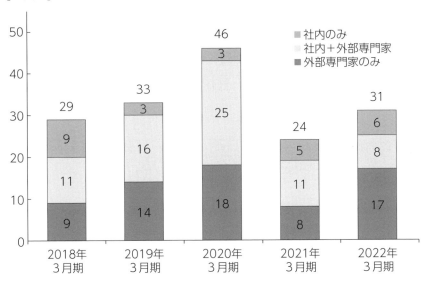

（出所）日本公認会計士協会 経営研究調査会研究資料第9号「上場会社等における会計不正の動向（2022年版）」12頁

(8) 考 察

　集計によれば，日本の上場企業等において会計不正が内部通報により発覚したケースは，不正の発覚経路が判明した132社のうちわずか22社（16.7％）であった[4]。これに対して，グローバル調査における統計データとして，内部通報による不正の発覚は全体の43％と半分近い割合であり[5]，日本において内部通報によって不正が発覚する割合は非常に少ないことが指摘できる。

　後述するとおり，企業は内部通報や内部監査によって，企業内部で不正を発見することで自らの自浄作用が発揮していることを示すことができ，企業イ

---

[4] 日本公認会計士協会 経営研究調査会研究資料第9号「上場会社等における会計不正の動向（2022年版）」における会計不正の発覚経路（本書P8の図【図表6】参照）。

[5] 日本公認不正検査士協会「2020年度版 職業上の不正と濫用に関する国民への報告書」。

メージの毀損を最小限に食い止めることができる（P26参照）。

　企業として重要となるのは，企業内部で不正の端緒をつかむ仕組みを十分に整備し，着実に運用していくことである。

　なお，2022年6月1日，改正公益通報者保護法が施行されており，内部通報制度の充実によって，企業が自浄作用を発揮し，法令違反等が早期に表面化し是正されることが期待されている。

3　改正公益通報者保護法

(1)　改正公益通報者保護法施行の経緯

　企業による自浄作用の発揮や，法令違反の早期是正により被害の拡大を防止する観点から，2022年6月1日，改正公益通報者保護法が施行された。

　そもそも公益通報者保護法が施行されたのは，2006年である。同法は2000年代に入り続発した食品の表示偽装，機械の性能偽装，自動車のリコール隠しなどといった企業不祥事の多くが，企業の自発的な公表ではなく，労働者からの内部通報を端緒として明るみに出たことを契機として成立したものである。

　公益通報者保護法は，内部通報を行った労働者を保護する（解雇や不利益取扱いを禁止する）とともに，企業に対して通報体制を整備させること等を定めている。

　2022年6月に改正公益通報者保護法が施行されることになった背景は，内部通報制度の労働者等における認知度がいまだ不十分であることのほか，内部通報制度の機能不全から国民生活の安全・安心を損なう不祥事に発展した事例が発生したこと等から，公益通報者保護制度の実効性の向上を図ることが必要な課題となったことによるものである。

　改正公益通報者保護法の改正内容は，以下の3つである。

①　保護対象となる公益通報者等の範囲を拡大

　改正前の公益通報者保護法は，保護される通報者の範囲を労働者に限定し，役員および退職者は含まれていなかった。この点，在職中は通報を躊躇していた退職者や役員による内部通報も想定されるため，改正法では保護される公益通報者の範囲に役員と退職後1年以内の退職者を含めることとした。

　また，改正前の公益通報者保護法においては，保護される公益通報の対象事実を，刑事罰を受ける可能性のある犯罪事実に限定していた。もっとも，刑事罰の対象とならない行為であっても内部通報により多大な影響を与えることも考えられることから，改正法では保護される公益通報の対象となる法令違反行為に過料対象行為を含めることとし，軽微な行政罰の規制違反行為であっても保護対象とした。

②　安心して通報を行いやすくするための体制整備の義務化

　改正前の公益通報者保護法においては，公益通報を受けた者の守秘義務の定めはなく，公益通報を受けた者等が通報者を特定させる事実を漏らすおそれがあった。そこで，改正法では公益通報に対応する従事者等に守秘義務を課すこととした。

　また，改正前の公益通報者保護法では，公益通報によって企業が損害を受けた場合における通報者に対する損害賠償に関する定めがなく，企業が通報者に対して損害賠償請求をするという事案も生じていた。そこで，改正法では企業は公益通報により損害を受けたことを理由として，通報者に対して損害賠償請求をすることができないという免除規定を設けることとした。

　さらに，改正前の公益通報者保護法は，企業に通報体制を整備することを義務づけておらず，あくまでも自主的に通報窓口を設置することを推奨するにとどまっており，ある程度規模の大きい中小・中堅企業であっても通報窓口が設置されていないことがある状況であった。そこで，改正法では，常時使用する労働者の数が300人を超えるすべての事業者に対し，公益通報の対応に従事する者を定めることおよび公益通報に適切に対応するための体制を整備することを法的に義務づけることとした（通報体制整備義務）。

③ 行政機関等への通報を行いやすくすべく，保護要件を緩和

改正前の公益通報者保護法において公益通報として保護される要件を緩和することにより，広く公益通報が行われるように対応することとした。

(2) 通報体制整備義務

公益通報者保護法の改正の中で最も重要なものは通報体制整備義務であるので，以下では，この点を解説する。

① 適用対象

通報体制整備義務が課されるのは，常時使用する労働者の数が300人を超える事業者である。300人以下の事業者には，法的義務は課されず努力義務しか課されない。この「常時使用する労働者」には，正社員のみならず，パートタイマーなどの臨時的な労働者も含まれるが，繁忙期のみ一時的に雇い入れる者は含まない。

もっとも，常時使用する労働者の数が300人以下で努力義務しか課されていない中小企業であっても，監督官庁による助言指導，勧告を受けるおそれがあることには留意する必要がある。また，会社が通常想定される不法行為を防止する程度の通報体制を整えていなかった場合や，内部通報を放置した場合，内部通報に対して適切な対応をしなかった場合等においては，会社や担当役員等が損害賠償責任を負うおそれもある。

② 指 針

通報体制整備義務に関しては，指針および指針の解説が公表されており，通報体制整備義務として，以下の措置をとる必要があるものと定められている。

(i)　**内部公益通報受付窓口の設置**

　通報窓口を設置し，内部通報を受け，調査をし，是正に必要な措置をとる部署および責任者を明確に定めること

(ii)　**独立性の確保に関する措置**

　通報窓口において受け付ける内部通報の対応業務に関して，役員やその他幹部に関係する事案については，これらの者からの独立性を確保する措置をとること

(iii)　**適切な通報対応業務の実施に関する措置**

　内部通報を受け付け，必要な調査を実施し，明らかになった法令違反行為等に対しては，速やかに是正に必要な措置をとること。また，是正措置をとった後，是正措置が適切に機能しているかを確認すること

(iv)　**利益相反者の排除に関する措置**

　通報事案に関係する者（利益相反者）を通報対応業務に関与させない措置をとること

　このように改正公益通報者保護法が，事業者に通報体制整備義務を課したことにより，これまで以上に内部通報が寄せられることが予測される。企業が内部通報を受け付けた場合，改正公益通報者保護法により法的に義務づけられた通報体制整備義務の一環として，必要な調査を実施し，明らかになった法令違反行為等に対して，速やかに是正措置をとる必要がある。

　このように，企業不正（不祥事）を早期に表面化させ，改善することを主眼とした改正公益通報者保護法における対応においては，今後，受け付けた内部通報に対する不正調査等を視野に入れた対応を行うことが必要となる。また，各企業においては，場合によっては第三者委員会による外部調査を行う等，企業不正（不祥事）に対して適切な対応を行うことが求められるケースが増加するものと考えられる。

第**2**章

不正対応の概要

1　不正調査における行為規範

　第1章で述べた企業不正に直面した場合，当該企業の経営者や監査役，調査依頼を受けた公認会計士や第三者委員会がよって立つべき行為規範として，以下のものがある。

(1) 上場会社における不祥事対応のプリンシプル（日本取引所自主規制法人）

　上場会社における不祥事対応のプリンシプルは，不祥事に直面した上場会社に対し，速やかな信頼回復と確かな企業価値の再生に向けた指針を示したものであり，上場会社における不祥事対応の共通の行動原則として活用されることが期待されている。同時に，株主をはじめとしたさまざまなステークホルダーにおいて，経営陣による不祥事対応がどの程度，不祥事対応のプリンシプルに準拠して行われているかという，不祥事対応の評価軸としての活用も期待されている。

　なお，不祥事対応のプリンシプルは，あくまでもプリンシプル（原則）にすぎないため，これに違反したことで罰則等が生じるものではないことに留意する必要がある。

　不祥事対応のプリンシプルは，以下の4原則からなっている。

①　不祥事の根本的な原因の解明

　発生した不祥事に対し，自浄作用を発揮し，その根本原因を解明することが期待されている。そのためには，必要十分な調査範囲を設定した上，最適な調査体制の構築および適切な調査環境の整備に努め，必要十分な調査を尽くした上で事実認定を行い，不正の背景まで明らかにする必要がある。

②　第三者委員会を設置する場合における独立性・中立性・専門性の確保

　経営者不正や内部統制の有効性に疑念が生じている場合，不祥事による悪影

響が大きい場合，不正の手口が専門性の高い場合において，調査結果の信用性を担保すべく第三者委員会による外部調査を行うことが期待されている。第三者委員会の人選は，独立性・中立性・専門性を担保すべく，弁護士・公認会計士等の外部専門家を選任することが望ましく，利害関係を有する顧問弁護士等を委員とすることは好ましくない。

③　実効性の高い再発防止策の策定と迅速な実行

　再発防止策としては，調査によって解明された不祥事の根本的原因に即した実効性の高いものが策定され，迅速かつ着実に実行されなければならない。

　また，その再発防止策がきちんと運用・定着していることをモニタリングし，定期的に効果測定を行い，その有効性を検証することが重要であり，再発防止策として求められているのは継続的な改善活動である。

④　迅速かつ的確な情報開示

　企業は不祥事対応として迅速かつ的確な情報開示を行う必要があり，迅速な情報開示のためには，調査によって事実関係が確定してから情報開示を行うのではなく，調査の進捗に応じて段階的に情報開示を行うことも検討する必要がある。

(2)　監査役監査基準28条（日本監査役協会）

　監査役監査基準28条は，企業不祥事が発生した場合における監査役の対応と第三者委員会に対する監査役の関わり方を定めている。企業不祥事が発生した際，監査役は自身の善管注意義務を果たすという観点からしても，必ず同条を参照し，監査役としての対応を検討すべきである。

　監査役監査基準28条の規定内容は，概ね以下のとおりである。

第1項

　監査役は，企業不祥事が発生した場合，ただちに取締役等から報告を求め，必要に応じて調査委員会の設置を求め，調査委員会から説明を受け，企業不祥事の事実関係の把握に努める（（Lv.4）努力義務事項，望ましい事項，行動規範）。

　また，原因究明，損害の拡大防止，早期収束，再発防止，対外的開示のあり方等に関する取締役および調査委員会の対応状況を監視し検証する（（Lv.2）善管注意義務違反となる蓋然性が相当程度ある事項）。

第2項

　取締役の対応が独立性，中立性または透明性等の観点から適切でないと認められる場合，監査役は，監査役会における協議を経て，取締役に対して第三者委員会の設置の勧告を行い，あるいは必要に応じて自ら依頼して第三者委員会を立ち上げる等の適切な措置を講じる（（Lv.3）不遵守の態様によっては善管注意義務違反を問われることがありうる事項）。

第3項

　監査役は，企業不祥事に対して明白な利害関係があると認められる者を除き，当該第三者委員会の委員に就任することが望ましい（（Lv.4）努力義務事項，望ましい事項，行動規範）。

　第三者委員会の委員に就任しない場合，第三者委員会の設置の経緯および対応の状況等について，早期の原因究明の要請や当局との関係等の観点から適切でないと認められる場合を除き，当該委員会から説明を受け，必要に応じて監査役会への出席を求める（（Lv.3）不遵守の態様によっては善管注意義務違反を問われることがありうる事項）。

　監査役は，第三者委員会の委員に就任した場合，会社に対して負っている善管注意義務を前提に，他の委員と協働しその職務を適正に遂行する（（Lv.3）不遵守の態様によっては善管注意義務違反を問われることがありうる事項）。

※　Lv.とは，行動規範の強さのレベルについて，基準内で規定されているものである。

(3)　不正調査ガイドライン（日本公認会計士協会）

　不正調査ガイドラインは，日本公認会計士協会（経営研究調査会）が経営研究調査会研究報告第51号として作成・公表したものである。

　コンプライアンス意識の高まりから，不正に対する社会的批判は強まっており，不正が発生または発覚した企業は，内部的な対応とともに，株主をはじめとしたステークホルダーに対する適切な対応を行うことが必要となっており，公認会計士が実施する不正調査業務に対する社会的責任はますます増大している。こうした背景の下，日本公認会計士協会は，不正調査実務に精通している公認会計士・弁護士等を構成メンバーとして同ガイドラインを作成し，主に公認会計士に企業等から不正調査業務の依頼があった場面を念頭に置いて以下の一連の不正調査業務に関する概念や留意事項等を体系的に取りまとめた。同ガイドラインの構成は【図表1】のとおりである。

【図表1】不正調査ガイドラインの構成

```
Ⅰ　総　論
・不正調査や不正調査に関連する基本概念
Ⅱ　業務受嘱の判断
・不正の依頼があった際に，受嘱すべきかの判断で留意すべき点
・不正調査フローの比較的初期段階で検討すべき内容
Ⅲ　不正調査業務の体制と計画管理
・初期調査や実態調査における組織体制
・業務委託契約書の締結内容，ワークプランの立案
Ⅳ　不正調査に関係する情報の収集と分析
・実態調査において収集する情報とこれらの分析手法
Ⅴ　不正に対する仮説の構築と検証
・実態調査で採用されている仮説検証アプローチの概念
・主要な検証手続と事実認定
Ⅵ　不正の発生要因と是正措置案の提言
・不正調査フローにおける是正措置策定における緊急対応策や抜本的対応策
Ⅶ　調査報告
・不正調査フローにおける公表に際しての報告上の留意点や報告書の記載事項
Ⅷ　依頼者または企業等が行うステークホルダー対応への支援
・不正調査フローにおけるステークホルダー対応と公表に際しての適時開示や監
　査人や監査役等への対応支援
Ⅸ　業務の終了
・不正調査フローにおける文書管理と証拠管理
```

⑷　企業等不祥事における第三者委員会ガイドライン（日本弁護士連合会）

　企業等不祥事における第三者委員会ガイドラインは，日本弁護士連合会において自主的なガイドラインとして作成・公表されたものである。

　かつては経営陣が役職員に対して内々の調査を命ずるのが一般的であったが，かかる内部調査では，調査の客観性への疑念を払拭できず，不祥事によって失墜した社会的不信頼を回復できないため，近年では調査の客観性・中立性を担保すべく外部者を交じえた委員会を設けて調査を依頼することが増加する傾向にある。

　第三者委員会とは，企業等から独立した委員のみをもって構成され，徹底した調査を実施した上で，専門家としての知見と経験に基づいて原因を分析し，必要に応じて具体的な再発防止策等を提言するタイプの委員会であり，経営者のためではなく，すべてのステークホルダーのために調査を実施し，それを対外公表することで，最終的に企業の信頼と持続可能性を目的・使命とする。

　第三者委員会が設置される場合，弁護士がその主要なメンバーとなることが通例であるが，従来の弁護士業務と異質な面も多くあり，調査手法がまちまちとなり，各委員の属人的能力や経験に依存する部分が多い状況であった。

　このため，日本弁護士連合会は，第三者委員会の活動がより一層，社会の期待に応えうるものとなるよう，ベスト・プラクティスを取りまとめ，本ガイドラインを策定した。したがって，同ガイドラインは，第三者委員会があまねく遵守すべき規範を定めたものではなく，1つのモデルが示されることで，第三者委員会に対する社会の理解が一層深まり，第三者委員会の実務に携わる弁護士が各種のステークホルダーの期待に応えつつ，さらなるベスト・プラクティスの構築に尽力することを期待したものである。

　同ガイドラインの構成は以下のとおりである。

　まず，第1部の基本原則において，第三者委員会の活動（調査スコープ，事実認定，評価・原因分析），説明責任，提言，第三者委員会の独立性・中立性，企業等の協力に関する原則を定めている。

　次に，第2部の指針において，第1部の基本原則に沿って以下の6つの指針を設けている。

第1　第三者委員会の活動についての指針
第2　第三者委員会の独立性，中立性についての指針
第3　企業等の協力についての指針
第4　公的機関とのコミュニケーションに関する指針
第5　委員等についての指針
第6　その他（調査手法，報酬，辞任，文書化等）

2　企業不正（不祥事）対応としての危機管理対策の要点

(1)　企業不正（不祥事）対応の全体像

　ある企業において不正が発覚した場合，その対応の基本的プロセスは，【図表2】のとおりである。

【図表2】不正発覚時の対応における基本プロセス

①　不正の端緒

　不正の端緒とは，内部通報や公益通報，監督官庁からの照会，財務数値の異変など企業不正の嫌疑を抱かせる社会事象を広く指す。かかる端緒により，企

業側において，不正があると思料するときには，速やかに次ステップの初期調査（下記②）に移行する。

②　初期調査

　初期調査において何より重要なことは，スピード，証拠保全（証拠の散逸防止），情報統制，応急措置である。不正の端緒をつかんだ経営者は，まずは調査チームを組成し，不正端緒の信憑性，不正の種類や企業に与えるダメージの深度，社会的影響の大小，調査の難易度等を総合的に勘案し，次ステップの本格調査（下記③）に移行するか否かを可及的速やかに判断する。いわば暫定的な経営判断である。加えて電子データ等の証拠は容易に削除・書き換え等の危険性があり，またプライバシー侵害等を盾に容疑者から提出を拒まれるリスクがあるため，証拠保全が難航するケースも少なくない。初期調査により，現在進行形の不正が判明した場合，容疑者を特定の業務や組織体制から隔離して損害の拡大を未然に回避する応急措置をとることもある。一般的な初期調査期間は数日から1週間程度の場合が多い。

③　本格調査

　初期調査の結果が，いわば暫定的な経営判断であるのに対し，本格調査では独立性・専門性に優れたメンバーによる最適な調査体制を構築し，事案解明に十分な心証を得るために質的・量的に十分な調査を実施する。もっとも本格調査といえども調査期間が無制限というわけでなく，現実的には四半期決算発表や監督官庁への報告等との兼ね合いにより，自ずと調査範囲や調査手法が限定されることもある。また，調査が進行し不正実態の解像度が高まるにつれ，調査範囲や調査スケジュールが臨機応変に変更されることも多い。証拠保全，情報統制，応急措置は，本格調査においても初期調査と変わらず重要である。

④　調査報告書の作成・公表

　初期調査であれ，本格調査であれ，調査を実施した成果物として調査報告書が作成されることが多い。調査報告書の様式は法定されていないが，一般的に調査に至る経緯，調査体制，調査対象事実（調査スコープ），調査手法，認定

した事実，不正の原因・再発防止策の項目が盛り込まれることが多い。

　調査結果を株主，監査法人，主要債権者など特定ステークホルダーに提供する場面では，開示する情報の範囲（調査報告書を開示するか，開示する場合，詳細版でなく要約版のみ開示するか，報告書に実名表記するか等），対外公表の要否について，経営者のアカウンタビリティ（説明責任）との関係で高度かつ複雑な経営判断が求められる。

⑤　原因追究・再発防止策の策定および不正関与者の責任追及

　不正調査の結果，不正の実態が明るみに出ることで，その不正の重大性の程度の差こそあれ，企業は積み重ねてきた信頼を一瞬にして失うだけでなく，平時の業務に加えて有事対応のための追加負担（調査に要する人的，物的，時間的な負担）を強いられ，時には企業の存亡に関わる一大事に陥ることも少なくない。

　かかる状況下，企業がステークホルダーや社会からの信用を回復する最善の途は，不正の実態を真正面から真摯に捉え，不正発生の徹底した原因究明と抜本的な再発防止策を策定し，これを着実に実践することである。

　あわせて不正に関与した関係者に対する責任追及・人事処分等を検討する必要がある。

(2)　不正の端緒

　不正の端緒の種類は，①不正関与者による自己申告，内部通報，内部監査による発見等の企業内部で発覚する場合と，②マスコミ報道，捜査機関による捜査，行政機関による調査等の企業外部から発覚する場合に分類できる。

　ここで重要となるのは，企業において，企業内部で不正の端緒をつかむ（上記①）仕組みを整備することである。というのも，企業外部で不正の端緒がつかまれた場合（上記②），企業による情報管理・情報統制が困難となり，根拠のない情報が巷に氾濫することで収拾がつかない事態に陥ることになりかねない。また，限られた人的・時間的制約の中で必要となる初期調査を一層困難にさせ，メディア対応，再発防止策の策定等の企業としての対応が総じて後手に

回ることになり，さらなる企業イメージの低下を招いてしまうおそれがある。

　これに対して，企業内部で不正の端緒をつかむ（上記①）ことができれば，必要な情報管理・情報統制等の下，社内調査等を先行させることによって企業において自浄作用を発揮し，企業のイメージ毀損を最小限に食い止めることにつながる。

　特に，企業においては，役職員によって外部に告発されるリスクを回避するためにも内部通報制度を整備・充実させることが非常に有用である。

　不正の端緒における統計データとして，内部通報による不正の発覚はグローバル調査では43％と半分近い割合であるのに対し[1]，日本の上場企業等では132社のうちわずか22社（16.7％）であり[2]，改善の余地があることは明らかである。

　日本で内部通報による発覚の割合が少ない理由として，内部通報制度自体に抵抗がある，内部通報制度が本来想定した用途で利用されていない，内部通報者の保護の実効性に懸念がある等の指摘がなされている。

⑶　初動対応としての初期調査等

　不正の端緒をつかんだ企業は，速やかに初動対応として，初期調査，応急措置および証拠保全を行う。不正調査全体の中でも初動対応は，重要な情報を保全し，正しい実態把握のため特に重要である。初期調査のおおまかな流れは【図表3】のとおりである。

【図表3】初期調査の流れ

調査体制の編成 → 情報管理体制の確立 → 応急措置・証拠保全 → 不正等の概要把握 → 調査報告書

1　日本公認不正検査士協会の「2020年度版　職業上の不正と濫用に関する国民への報告書」。
2　日本公認会計士協会　経営研究調査会研究資料第9号「上場会社等における会計不正の動向（2022年版）」における会計不正の発覚経路（本書P8の【図表6】参照）。

①　調査体制の編成

　初期調査を速やかに着手すべく，調査体制としては企業の担当所轄部署（内部監査室，コンプライアンス室，総務部，人事部，経理部等）にて調査メンバーを選定するケースが多いが，事案によっては，初期段階から顧問弁護士等に相談するケースや，IT専門業者等に調査を委託するケースもある。

②　情報管理体制の確立

　初期調査段階では，情報漏えいによる証拠隠滅防止のため，本格調査以上に調査の密行性が要求されるため，不正等に関する徹底した情報管理・情報統制が行われる必要があり，必要最小限のメンバーでのみ情報を共有し，情報漏えいのリスクを最小限に低減することが肝要である。

③　応急措置・証拠保全

　現に継続中の不正行為に対しては，企業は損害の拡大防止のため，容疑者に対する自宅待機命令，不正行為の差止め，不正行為対象製品の出荷停止等の応急措置を実行する。

　また，証拠隠滅が行われる可能性が高いため，十分な証拠保全を行う必要がある。

④　不正等の概要把握

　初期調査で収集された証拠から不正の全体像（大筋）につき一定の仮説を立て（いわゆるスジ読み），その仮説を根拠づける証拠をリストアップし，さらに収集する（逆に仮説を覆す証拠を入手できた場合，仮説を修正する）等の作業を行う。

⑤　調査報告書

　初期調査の報告書を踏まえて，経営陣の暫定的な経営判断として，不正が存在するという合理的な疑いを持つに至り，かつその影響についても軽微でないとの判断に至った場合，本格調査に移行することになる。

(4)　本格調査

　本格調査の全体的な流れは，【図表4】のとおり，基本的には初期調査と同様，調査体制の編成から始まり，調査計画の立案（調査範囲や工程ごとのスケジュール決定），証拠の収集と分析，調査報告書の作成という順である。本格調査は，不正の全貌解明や原因究明を目的として実施される終局的調査である。

【図表4】本格調査の流れ

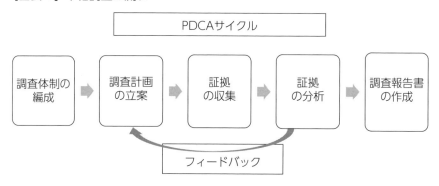

①　調査体制の編成

　不祥事対応のプリンシプル（原則①）は，「必要十分な調査が尽くされるよう，最適な調査体制を構築するとともに，社内体制についても適切な調査環境の整備に努める」旨を定めている。「最適な調査体制」には，「独立性」「専門性」の2つが必要である。また，「適切な環境の整備」のためには，情報アクセス権限の確保，他部署の理解・協力が得られること，十分な予算措置がなされること等について経営陣が調査対象部署や関連部署に対する業務命令・個別指示を行うなどし，全面的なサポートを行うことが必要である。

②　調査計画の立案

　調査計画においては，基本事項として，調査期限，調査範囲および手法につ

いて定めておく必要がある。実態の真相究明が本格調査の目的であるから，十分な資料が収集できていない段階でいったん策定した調査計画については臨機応変に見直して真相究明に近づいていく姿勢が重要である。

　なお，調査期間の変更（調査期限の延長）には一定の制限があり，調査完了後の財務諸表修正や会計監査の実施期間等から逆算して，調査期限を検討する必要がある。

③　証拠の収集

　本格調査においても，初期調査同様，仮説検証アプローチが用いられる。仮説検証アプローチとは，収集した情報を分析し，不正に対する仮説を構築し，次いで仮説を裏づける（または覆す）証拠に照らして，その仮説の真否を検証することにより，事実認定（＝不正の実態解明）する手法をいう。仮説の構築とは，事実特定の6W1H（Who（誰が＝不正関与者），Why（なぜ＝動機・目的），When（いつ＝不正実行期間，日時），Where（どこで＝場所），to Whom（誰に対して＝被害者），How（どんな方法＝不正手段，手口），What（何をしたか＝結果））を検討することである。

　議事録，帳票，メール・ファイルなどの客観的証拠（非供述証拠）は，供述証拠のように供述者の認識や記憶等の主観に依存しないため，一般に証明力が高く，不正調査における事実認定において極めて重要となる。

　このため，初期調査の項目でも述べたとおり，調査チームは客観的証拠の破棄・改ざん・消去・削除等がされないよう調査着手後ただちに，客観的証拠の保全・収集を行う必要がある。

　なお，特に電磁的記録は複製，消去，改変が容易という特性を有し，調査における取扱いを誤ることで記録が消失・毀損し，証拠としての信用性（証拠価値）が低下するリスクがあるため，専門業者によるデジタル・フォレンジックを行うかどうかを検討する必要もある。さらに，従業員のプライバシーとの関係で違法・不適切な方法によって証拠収集が行われた場合には，調査結果の信用性を損ねたり，証拠の証拠能力が失われるおそれがあり，場合によっては調査チームの民事責任（不法行為に基づく損害賠償責任等）・刑事責任（窃盗罪，住居侵入罪，不正アクセス防止法違反等）が生じるおそれもあることには留意

する必要がある。

　また，関係者ヒアリングは，得られた供述が重要な証拠となり，事実関係の解明に資するだけでなく，動機の解明等にも役立つため，調査チームは，客観的証拠によって把握した事実関係をもとに関係者に対するヒアリングを実施するのがよい。これに加えて従業員等へのアンケート調査，専用ホットラインの設置等により，より多数の者から広く情報収集を行うことがある。

④　証拠の分析（調査計画へのフィードバック）

　収集した証拠等を分析・検討し，仮説検証アプローチに従って調査対象事実が認定できるかどうかを判断すること，すなわち事実認定を行う。事実認定の手法は，第1段階として，客観的証拠から明らかな客観的事実を認定し，第2段階として，客観的証拠から明らかにならない事実に関して，客観的事実や証拠との整合性，ヒアリングした供述内容の合理性・一貫性・具体性等からその有無を判断する。

　その際，疑いの濃淡・程度を明示した，いわゆるグレー認定という事実認定の手法を用いることもある。たとえば，「……の可能性が極めて高い」，「……の相当程度の疑いがある」，「……の疑いを払拭できない」等の言い回しを用いる。ただし，グレー認定といえどもあくまで証拠に基づいた事実認定であるから，グレー認定を行う大前提として必要十分な調査が尽くされていることに留意する必要がある。

⑤　調査報告書の作成

　調査報告書は，一般的に，調査に至る経緯，調査体制（調査責任者・調査メンバー，調査期間，外部協力の有無），調査対象とした事実，当該事実の認定の可否，認定した事実に基づく法的検討，調査手法（収集した資料とその収集方法，事実認定の根拠等を含む），原因分析・再発防止策等の事項により構成される。

　調査報告書のオリジナル版は，調査チームによる事実調査の結果を，経営陣による不正等の原因の究明および再発防止策の策定・実行という経営判断の基礎とすべく提出されるものであり，原則として個人名や営業秘密等も含め必要

な情報がすべて記載される。

　一方，調査報告書のオリジナル版をそのまま対外的に公表すると，関係者の
プライバシー，捜査当局による捜査等への支障，企業秘密の保護等の観点から
問題が生じる場合があるため，調査報告書を対外的に公表する場合，オリジナ
ル版を要約した上，調査対象者の実名を匿名化したり，企業秘密に関わる箇所
を非公表にしたりする等の修正を施した調査報告書（公表版）を別途作成する
ことがある。

　不正調査の内容等を公表する目的は，企業の社会的責任・説明責任を果たし，
信頼回復を図ることにある。したがって，法令等によって開示・公表が義務づ
けられていない場合，企業は不正調査の結果（不正等が発生したこと自体を含
む）を対外公表すべきか，公表するとしてもどのタイミングで公表するか等に
ついては，企業の判断に委ねられる。

　一方で，上場会社においては，有価証券上場規程402条以下の適時開示事由
に該当する場合[3]や，金融商品取引法24条の5第4項の臨時報告書提出義務が
ある場合には，法令上の期限を遵守し，開示・社外公表を行うことになる。

　なお，本格調査の詳細については，P60を参照されたい。

(5)　捜査当局・監督官庁への対応

　企業不正（不祥事）が生じた場合，企業に対し，警察・検察等の捜査当局に
よる捜査や，監督官庁による犯則調査・行政調査が行われる可能性がある。

　その場合，企業側は，捜査当局や監督官庁に対して，事実関係等を早期に把
握した上で，対応の基本的方針を検討することを迫られることになる。また監
督官庁に対しては，法令上の報告義務の有無を確認する等の対応も必要である。

3　不正の影響が過年度にも及び，金額的・質的重要性がある場合，決算修正を行う必要が
　ある。この場合，有価証券報告書を修正する訂正報告書の提出や決算短信の内容に誤りが
　あるとして決算短信の訂正開示を行う決算発表資料の訂正等を行うことになる。

①　捜査当局による任意捜査への対応

(i)　基本的な対応

　まず，捜査当局による任意捜査への対応として，企業はできる限り早期に嫌疑の内容および嫌疑に関する事実関係を把握し，これをもとに捜査に全面的に協力するのか，争うべきことはないのかという点につき基本方針を決定する。こうした作業は，法的知識・経験が必要となることから，序盤から弁護士を関与させる必要がある。

　嫌疑の内容が把握できない場合，取調べを受けた役職員からのヒアリング等によって推測せざるをえない。また，被疑者となっている役職員の範囲や企業自体が被疑者となっているのか等についても可能な限り把握する必要がある。なお，捜査が開始された時点の社内調査資料等は後の捜査当局による強制捜査によって差押えの対象となる可能性があることに留意する。

　企業としては，捜査当局と調整し，出頭要請等の連絡を受ける企業側の窓口を一本化することが多い。任意捜査段階では，多数の役職員に対する参考人取調べが行われることがあるが，参考人取調べは法的にはあくまでも任意捜査として行われるものであるが，企業としては，出頭を拒否する合理的な理由のない限り，役職員の出頭を要請することが適切な対応となろう。

　一方で，被疑者とされた役職員については，合意的な理由がない不出頭が続いた場合，逮捕される可能性があるから，出頭を拒否する合理的な理由のない限り，役職員の出頭を要請すべきである。その際，被疑者に対し黙秘権を有していること等も含めて出頭前に弁護士によるレクチャーを行うことが望ましい。なお，弁護人の選任については，最終的には被疑者本人が決定すべき問題ではあり，企業と役職員との間の利害対立の有無等の個別の事案ごとの事情を考慮する必要があるが，企業から弁護士を紹介することは妨げられるものではない。

　また，捜査当局からの事実関係についての確認要請や資料提出要請等がなされることがあるが，これに対しても，企業として要請を拒否する合理的な理由がない限り，積極的に協力することが適切であると考えられる。

　なお，参考人取調べを受けた役職員等から捜査に関する情報を収集するため，取調べ後の記憶が鮮明な時点で，取調べを受けた内容を書面提出させたり，弁

護士等によるヒアリングを実施したりすべきである。

(ii) 嫌疑等を争う場合

嫌疑の内容等によっては，企業として争わざるをえない場合もある。ただし，このような場合であっても，企業としては捜査に対して非協力的になるのではなく，争うべき点を除いては可能な限り，捜査に協力すべきである。

企業が嫌疑等を争う場合，企業側から企業側の主張を記載した書面を主張を根拠づける証拠とともに提出することも考えられるが，捜査に協力することで，捜査当局とのコミュニケーションを十分に確保し，捜査に関する情報を入手することで，企業として主張を的確に行うことにつながることも期待できる。

一方で捜査当局に非協力的であるとの印象を与えた場合，強制捜査への移行，捜査範囲の拡大，捜査の長期化等につながるおそれがある。

なお，捜査に対する妨害，証拠隠滅と評価されるような対応を行った場合，証拠隠滅罪（刑法104条）が成立するおそれもあることに留意すべきであり，関係者がこうした疑いを受けるおそれのある行為をしないよう，関係者に周知徹底するとともに，重要な証拠は提出を受けて企業にて管理することが考えられる。

② 捜査当局による強制捜査への対応

捜査当局による強制捜査には，捜索・差押えと逮捕・勾留等がある。

捜索・差押えは，通常，逮捕と同時もしくは先行して予告なく行われるため，捜索・差押えを受けるおそれがある場合，業務に生じる支障を最小限にとどめるため，事前に準備しておくべきである。書類やハードディスク・記録媒体等は，すべて押収されてしまうおそれもあるため，業務に必要な資料やデータ等は，コピー・バックアップ等の対応をしておくべきである。

なお，差押え等の対象は，令状に記載された範囲に限られる。また，対象場所・対象物品のみならず，被疑者・罪名等も記載されているため，捜索・差押え時には令状の記載内容を確認し，記録しておくべきである。

差押対象の特定や事前に対応していない対象物品のコピー・バックアップ等，捜索・差押えにあたって捜査機関との交渉が必要となる場合もあるため，当日

は弁護士を立ち会わせることも考えられる。

　逮捕・勾留については，身体拘束期間が法定されている。すなわち，逮捕の場合最長72時間（検察が逮捕した場合は48時間），逮捕に続いて被疑者勾留の最長期間は20日（勾留期間は最長10日間だが，10日間の勾留延長が認められることが多い），逮捕と勾留を合わせて最長23日間である。もっとも，複数の容疑であるとして，最長23日間の逮捕・勾留が何度も繰り返され，それ以上の身体拘束がなされることも多い。

　企業としては，逮捕された役職員がまだ弁護人を選任していない場合，早急に弁護人を選任できるようにする必要がある。なお，勾留時に接見禁止処分が付されている場合，原則として弁護士以外の者と面会することができなくなる。

　また，逮捕・勾留されるおそれがある場合，業務に生じる支障を最低限にとどめるため，役職員から必要な業務の引き継ぎを受ける等，事前に準備しておくべきである。

③　監督官庁による犯則調査・行政調査への対応

(i)　基本的な対応

　監督官庁による犯則調査・行政調査に対しても，企業は把握した事実関係等をもとに，協力すべき点は協力するということで基本方針を決定し，対応することになる。

　もっとも，企業不正（不祥事）が法令上の報告義務の対象となる場合，法令上の報告期限等を遵守した報告を行う必要があり，法令上の期限を遵守した報告をしないこと自体が行政処分等の対象となりうる。

　したがって，企業は企業不正（不祥事）が生じた場合，法令上の報告義務の対象となっているか，報告期限はいつか等を確認する必要がある。

　また，法令上の報告義務がない場合であっても，企業としては，事業の適正な運営に影響を及ぼすおそれがある場合等においては，監督官庁に対する報告の要否等を慎重に検討する必要がある場合がある。

(ii)　法令上の報告義務のある場合

　法令上の報告義務がある場合，監督官庁に対して届出等の報告を行うことに

なるが，監督官庁からの報告命令等が発せられた場合，企業不正（不祥事）の事実の詳細や発生原因，改善・対応策等の報告義務が課せられる。

　法令上の報告義務がある場合，通常，報告期限等が設定されており，これを遵守する必要があることは前述のとおりである。

　場合によっては，最終的な届出等の報告に先立って，報告内容等を監督官庁との間で適宜事前に相談することも検討すべきである。

　また，調査に時間を要し期限内に調査が完了しない場合，報告時点で把握した内容を報告し，調査中の事項は別途報告するという対応も検討する。

⑹　メディアへの対応

　企業不正（不祥事）におけるメディア対応を失敗した場合，企業の存亡に関わる致命傷に至るケースも多い。したがって，メディア対応を周到に準備し，これを成功裡に終わらせるかが不正対応における最重要課題の１つといえる。

　企業不正（不祥事）が発覚した場合，まずその事実を公表するか否かの判断に迫られるが，公表しないという判断を下した場合，情報管理・情報統制を徹底することは当然だが，万が一情報漏えいした場合の対応策まで含めて準備しておくことが肝要である。

　公表を行うという判断を下した場合，メディア対応の基本方針策定が必要となる。

①　公表の要否・タイミング

　法令等や証券取引所の適時開示制度によって開示や公表（以下「公表等」という）が義務づけられている場合，その期限を遵守した公表等が必要となるのは当然である。上場会社であれば，有価証券報告書，四半期報告書，臨時報告書等の訂正や証券取引所の適時開示規制を遵守した公表等が必要となる。また，上場会社でなくとも，法令上の義務または行政処分等により，公表が必要となることがある（食品衛生法59条，薬機法68条の９等）。

　これに対して，不正の内容が個人の生命・身体の安全に関わる問題（偽造医薬品や食品偽装等）や個人情報の漏えいなどの二次被害が生じるおそれがある

場面では，法令上の公表等の義務等がないとしても，可及的速やかな公表等が必要となる。

　昨今の世論の風潮等からすれば，仮に企業が公表する前にマスコミ報道により不正の端緒が公になった場合，その真偽のいかんにかかわりなく，企業側の意図的な隠蔽工作と捉えられたり，批判を招く風評被害にさらされるリスクが高い。さらにSNSやネット等を通じた情報発信が容易になった現状においては，自らが公表せずともすぐに公になる可能性が高いことを考慮して，公表の要否やタイミングを検討する必要がある。

　とはいえ，公表を急ぐあまり，調査不十分な状態で拙速に公表した結果，すぐに報告内容を二転三転するような事態に陥ると，回復しがたい信用失墜を招くことになる。このため，調査の進捗に応じて段階的に公表・開示を行う等の対策を検討する必要がある。この場合，速報的な開示としては，企業不正（不祥事）が判明した経緯（発覚の端緒），判明している事実関係，調査に着手した事実，調査体制・調査方法等のうち，確定しているものに絞り込んで開示することになろう。

②　メッセージの作成および想定問答の準備等

　調査の進捗に応じて段階的に公表等を行う場合，前回の報告との連続性を確保しつつ，回を追うごとに事案全体の解像度が高まるような報告が望ましい。対外的に発信する基本的なメッセージをぶれることなく一貫性のある形で発信できるよう，メッセージを作成することが重要である。

　不正事案の記者会見に向けて，典型的な内容（たとえば，経営者の責任，被害者に対する対応方針，実施した不正調査の範囲や期間等，不正の原因に対する認識，再発防止策等）については，想定問答や説明資料等を用意しておく必要がある。

　なお，当然ではあるが想定外の質問がなされる可能性があるため，あまり広範かつ詳細な想定問答を作成し，これを丸暗記するスタンスではなく，会社の基本的な考え方，立ち位置，社会に伝えたいメッセージ，NGワード等を骨太に準備し，記者会見の現場では経営者自らの言葉で回答したほうが，結果的にメディア対応としてうまくいくケースも少なくない。

　また，企業不正（不祥事）の事実関係，発生原因，社内外に及ぼす影響，不正調査の進捗状況，企業の対応方針等をまとめたポジションペーパーを用意しておくことも重要である。

　その他，公表の方法としてプレス・リリースを出したり，ホームページ等に掲載したりするだけで足りるか，新聞広告掲載や記者会見を行う必要があるのか，記者会見を行うとした場合誰が行うのか，公表前後における主要顧客や取引先等の関係者に対する対応等もメディア対応の基本方針として検討すべきポイントである。

③　取材への対応

　前述したとおり，企業においては，企業内部で不正の端緒をつかむ仕組みを整備し，企業による情報管理・情報統制の下，初期調査，メディア対応，再発防止策の策定等の企業としての対応を行うべきである。

　しかしながら，マスコミ報道等の企業外部で不正の端緒が生じた場合，企業は，自発的な公表に先立って，マスコミからの問い合わせ等の取材への対応の必要に迫られることになる。

　こうした場合，企業として，マスコミ取材には一切回答しないという対応も考えうるものの，企業側の隠蔽工作と捉えられたり，批判を招く風評被害にさらされたりするリスクがあり，必ずしも適切な対応と言いがたい。

　企業は，まずは回答の窓口を一本化し，回答者によって回答内容にばらつきが生じることを回避し，前述した想定問答やポジションペーパーを用意し，一貫した回答を行っていく必要がある。

　調査に時間を要する場合，事実関係については調査中であることを回答し，事実関係が確定してから回答することでマスコミの理解を得る努力をすべきである。

⑺　適時開示等への対応―適時開示と臨時報告書

　適時開示制度は，証券取引所が定めた開示規制であり，投資判断に影響を与える重要な会社情報を適時・適切に投資者に対してただちに開示することを上

場会社に義務づける制度である。

　なお，上場会社・非上場会社を含む有価証券報告書提出会社は，臨時報告書を遅滞なく提出しなければならず，適時開示事由は，臨時報告書の提出事由よりも広いため，適時開示を行う場合，通常，臨時報告書の提出も必要となる（金融商品取引法24条の5第4項）。

①　適時開示すべき事項

　適時開示すべき事項は，上場会社の運営，業務もしくは財産等に関する重要な事項であって投資判断に著しい影響を及ぼすものである（有価証券上場規程402条）。

　不正に関し適時開示すべき事項は，有価証券上場規程において，いわゆるバスケット条項で規定されていることから，企業としては，投資判断に著しい影響を及ぼすかどうかという観点から，開示の必要性を実質的に判断する必要がある。

②　適時開示の方法

　上場会社が適時開示を行う場合，原則として公開する前に証券取引所に事前説明をする必要があるため（有価証券上場規程413条），企業としては，最終的な判断は，証券取引所への事前相談を経て決定することになる。

　適時開示事由が生じた場合，遅滞なく開示することが必要になるため，調査に時間を要するときは，速報的な開示として，企業不正（不祥事）が判明した経緯（発覚の端緒），判明している事実関係，調査に着手した事実，調査体制・調査方法等のうち，確定しているものを開示することになろう。

③　適時開示違反に対する処分

　適切な適時開示をしなかった場合の処分は以下のとおりである。

　(i)　公表措置（有価証券上場規程508条1項）
　(ii)　特設注意市場銘柄指定（有価証券上場規程503条）

 (iii) 上場契約違約金支払（有価証券上場規程509条1項1号）

 (iv) 改善報告書および改善状況報告書提出（有価証券上場規程504条1項1号，同505条1項）

(8) 調査委員会（第三者委員会）の設置

① 第三者委員会設置の要否

 不正調査事案ごとに事案の難易度（専門性・複雑性，不正関与者の規模・範囲等）や不正事案が企業に及ぼす影響（不正により企業が被る有形無形の損害），社会的影響度や社会的注目度の大小等は異なり，「最適な調査体制」[4]も異なってくる。「最適な調査体制」の構築にあたっては，少なくとも調査結果の中立性を客観的に担保する「独立性」（ここでいう独立性とは外観的独立性のみならず精神的独立性も含む）と，調査自体の品質や精度を最低限保証する「専門性」の2つが満たされる必要があるが，社内人材のみでは，独立性と専門性のトレードオフ関係に立つことも多い。

 そして，社内の役職員だけで行う内部調査では，調査の客観性への疑念を払拭できず，企業不正（不祥事）によって失墜した社会的不信頼を回復できないため，近年では調査の客観性・中立性を担保すべく外部者を交じえた委員会（いわゆる第三者委員会）を設けて調査を依頼することが増加する傾向にある。第三者委員会を設置すべきか否かは，このように最適な調査体制として第三者による調査のほうがふさわしいか否かによることになるが，実際には，証券取引所等の指導に基づき設定することになる場合も多い。

 第三者委員会は，企業等から独立した委員のみをもって構成され，徹底した調査を実施した上で，専門家としての知見と経験に基づいて原因を分析し，必要に応じて具体的な再発防止策等を提言する委員会であり，経営者のためではなく，すべてのステークホルダーのために調査を実施し，それを対外公表する

---

4 日本取引所自主規制法人「上場会社における不祥事対応のプリンシプル」原則①。

ことで，最終的に企業の信頼を回復させ，持続させることを目的・使命とする。

　このように，経営者は，不正の規模および社会的影響等を考慮し，初期調査を踏まえた経営陣の判断として，調査体制を「第三者委員会による外部調査」とすることを検討する必要がある。

②　委員候補者の選定プロセス

　第三者委員会の委員としては，当該事案の関連法令に精通し，かつ，事実認定の専門家である弁護士を選任することが多い。また，監査および会計の専門家として，企業の会計・財務に関する知識・経験を有している公認会計士も，会計不正や内部統制の整備・運用が問題となる場合には構成員として適切である。また，企業等不祥事における第三者委員会ガイドラインにおいて，事案の性質によって，学識経験者，ジャーナリスト等を構成員として加えることが望ましい場合も多いとされている。

　もとより，独立性・中立性が必要となる第三者委員会においては，企業と利害関係を有する顧問弁護士等を委員とすることは好ましくない。

③　委員候補者との協議

　企業は，選定した候補者との間で，調査目的・調査範囲，調査委員会の構成，調査期限，報酬，調査報告書の取扱い，調査体制等について協議・確認等を行う。

　第三者委員会設置の目的は，不正等の事実関係や原因を究明し，再発防止策を策定することにより企業価値の再生を図ることにあるから，限定的な調査範囲ではかかる目的を達成することはできない。逆に過度に広範な範囲は，人的・物的・時間的制約との兼ね合いで現実的でない。調査範囲は，第三者委員会設置の目的を達成するために必要十分なものでなければならない[5]。

　また，必要な調査を行いうるだけの合理的な調査期限を設定することが必要であり，企業は第三者委員会があらかじめ設定した調査期間をステークホルダーに開示し，説明責任を果たすべき期限を明示しなければならない[6]。

5　日本弁護士連合会「企業等不祥事における第三者委員会ガイドライン」第2部第1.1(1)①。
6　日本弁護士連合会「企業等不祥事における第三者委員会ガイドライン」第2部第1.2②。

　さらに，企業は，第三者委員会から提出された調査報告書を原則として遅滞なくステークホルダーに開示する必要があり[7]，調査報告書の全部または一部を非開示とする理由は具体的でなければならない[8]。なお，第三者委員会は必要に応じて，調査報告書（オリジナル版）とは別に，公表版の調査報告書（一部非開示，あるいは匿名化）を作成することができる[9]。

④　初期調査との連続性・非連続性

　前述したとおり，本格調査においては，初期調査における調査結果を前提として，連続性のある調査を行うことが大前提である。もっとも独立性・中立性が求められる第三者委員会による調査については，主に社内の調査メンバーで行われた初期調査における調査結果に囚われず，初期調査における調査結果等を自ら検証した上で，改めて独自の観点から調査を実施することが必要である。

(9)　調査終了後の対応

①　原因究明・再発防止策の策定

（i）　原因究明・再発防止策の策定の意義

　本格調査を経て，不正の実態（時点としては過去のこと）を明らかにすることは重要であるが，企業の信頼回復という究極目的を達成するためには，将来，同様の不正を二度と繰り返さないことのほうが一層重要である。

　そのためには，今回の不正が起きた根本的な原因や背景分析をした上で，原因に即した実効性の高い再発防止策を策定し，迅速かつ着実に実行しなければならない[10]。

　このように原因究明・再発防止策の策定は，ステークホルダーや社会の理解を得ることによって，失った信頼を回復するために必要不可欠なものであると

7　日本弁護士連合会「企業等不祥事における第三者委員会ガイドライン」第2部第1.2①。
8　日本弁護士連合会「企業等不祥事における第三者委員会ガイドライン」第2部第1.2③。
9　日本弁護士連合会「企業等不祥事における第三者委員会ガイドライン」第2部第1.2②注8。
10　日本取引所自主規制法人「上場会社における不祥事対応のプリンシプル」原則①：不祥事の根本的な原因の解明。

いえる。

　なお，原因究明と再発防止策の策定は，重要な経営判断事項であるから，経営陣としては調査チームの具申する不正の原因を鵜呑みにするのではなく，自ら再検証し根本的な原因の解明を行う必要がある。

(ii)　不正リスク要因の適切な分析

　再発防止策は，ステークホルダーや社会からの理解を得るに足りる具体性・実効性が伴い，かつ，調査によって明らかになった事実関係や原因等に即したものである必要がある。

　不正リスク要因は，一般に不正のトライアングル理論として，①動機・プレッシャー，②機会，③姿勢・正当化に分類されるが，再発防止策の策定においては，こうした分類を用いて，不正が生じた原因を適切に分析することが必要である。

　なお，これらの不正リスク要因のうち，①動機・プレッシャーと，③姿勢・不正化は，個人の心理に帰着する部分が比較的多く，直接的な対策を立案することが困難であるため，長期的，間接的な対策が立案される傾向にある。一方で，②機会については，職務分掌，職務権限，業務プロセスの運用等，個人の心理に依拠しない直接的な対策が立案される傾向にある[11]。

(iii)　緊急的対応と抜本的対応

　再発防止策は，その対応レベルに応じて緊急的対応と抜本的対応に分類できる。企業は，再発防止策として，まず，緊急的対応を行った上で抜本的対応を行う。

　緊急的対応は，不正関与者等の責任の所在の明確化および責任追及，財務諸表の修正，仮装経理に基づく過大な税務申告の場合の還付と減額更正や，損害賠償請求・保険金請求等による損害の回復，共謀先との取引停止等の対応である。

　これに対して，抜本的対応は，不正の再発を防止するために根本的対応を実

11　不正調査ガイドライン（「Ⅵ 1」(47頁)）。

施することであり，現状の内部統制では抑止できない不正リスクを排除できる体制を構築することである。

　企業においては，不正のトライアングル理論による不正リスク要因の分類等の不正が生じた原因を適切に分析することによって，直接的に不正リスク要因になっている組織に内在する問題点等を特定し，不正リスク要因を排除・削減することが必要である。

(iv)　具体的な再発防止策の内容

　具体的に再発防止策を策定する際には，「不正調査ガイドライン」において指摘されている留意点を参考にすべきである。「不正調査ガイドライン」においては，不正リスクに対する有効なガバナンスの構築（適切な職務分掌や権限および責任の割当等），不正リスクに対する定期的な評価体制の整備（業務に内在する不正リスクの特定等），不正の予防と発見のための施策の実施（倫理に関する規定・行動規範等の策定と研修等），経営者不正に対する抜本的対応（経営者の交代，業務上付与されている権限の縮小等）が指摘されている。

　そのほか，具体的な再発防止策としては，一般的に企業風土の改善（意識改革，業績評価の見直し等），内部統制システムの改善（業務分掌，職務権限の明確化等），人事制度（人事ローテーション等）の見直し，監査体制（内部監査機能等）の強化，内部通報制度の充実・強化，子会社に対するガバナンスの強化等が考えられる。

(v)　モニタリング

　再発防止策の実行，再発防止策の実効性を担保するため，その再発防止策がきちんと運用・定着していることをモニタリングし，定期的に効果測定を行い，その有効性を検証することが重要である。すなわち，再発防止策として求められているのは継続的な改善活動である。

　具体的には，再発防止策の周知・徹底のため，社員向けの研修を定期的に実施することや，内部監査等における定期的なモニタリングおよびモニタリング結果のステークホルダーに対する公表等が考えられる。

②　関係者の責任追及

(i)　不正関与者の責任

不正行為者の責任には，懲戒処分，民事上の損害賠償請求，刑事上の責任追及（告訴・告発等）がある。

(ア)　懲戒処分

懲戒処分は，就業規則に定められている懲戒事由（懲戒処分の種別および対象行為）に従い，処分の要否や内容が決定される。

なお，懲戒処分は客観的に合理的な理由を欠き，社会通念上相当であると認められない場合は，無効とされるおそれがあること（労働契約法15条），弁明の機会の付与等の就業規則・労働協約に定める手続を経なければならないこと（適正手続の原則），同一の事実に対して2回行うことができないこと（一事不再理の原則）に留意する必要がある。

(イ)　民事上の損害賠償請求

不正行為により企業等が損害を被った場合，関与者等に対する民事上の損害賠償請求（民法415条，709条）を検討することになる。

もっとも，使用者から被用者に対する損害賠償請求については，損害の公平な分担の見地から，信義則上相当と認められる限度で請求できるにとどまるとされている[12]。

(ウ)　刑事上の責任追及（告訴・告発等）

関与者の不正行為が刑罰法規に抵触する場合，刑事上の責任追及（告訴・告発等）を検討することになる。

もっとも，実際に告訴・告発の対象とするか否かは，犯罪の重大性・悪質性，被害の大きさ，被害回復の有無，秩序維持の必要性，ステークホルダーへの影響等を総合的に考慮して判断することになる。

12　最判昭和51年7月8日民集30巻7号689頁参照。

(ii)　上司，管轄役員の責任

　上司については，自身が不正等には関与していないものの，その部下による不正関与を認識しながらこれを看過したことが判明した場合，就業規則における懲戒事由の有無等を検討の上，懲戒処分の対象となる可能性がある。また，懲戒処分の対象としないとしても，不正を看過・放置した上司は管理責任を問われ，配転・降格等の人事処分の対象となる可能性がある。

　管轄役員についても，自身が不正等に関与していないものの，不正行為を認識しまたは認識しえたにもかかわらず，これを看過したことが判明した場合，任務懈怠があるとして民事上の損害賠償請求の対象となる可能性がある。また役員に対しては，就業規則に基づく懲戒処分を行うことはできないものの，取締役規程等に基づく処分や，経営責任（社会的・道義的責任）として役員報酬の減額，役員の解任，退職慰労金の不支給等の措置を講ずることが考えられる。

◇章末理解度チェック◇

No.	問　　　　題	Yes/No
1	上場会社における不祥事対応のプリンシプルは，不祥事に直面した上場会社に対する指針を示した法規であり，違反した場合の罰則等が規定されている。	Y□/ N□
2	不正の端緒とは，内部通報や公益通報，財務数値の異変など企業内部で発覚した不正の嫌疑を抱かせる事象のみをいう。	Y□/ N□
3	初期調査において何より重要なことは，スピード，証拠保全（証拠の散逸防止），情報統制，応急措置である。	Y□/ N□
4	本格調査では独立性・専門性に優れたメンバーによる最適な調査体制を構築し，事案解明に十分な心証を得るために質的・量的に十分な調査を実施する。	Y□/ N□
5	調査を実施した成果物として調査報告書の様式は，法令で定められている。	Y□/ N□
6	企業が信用を回復する最善の途は，不正発生の徹底した原因究明によって不正に関与した関係者に対する責任追及・人事処分をすることであり，再発防止策の策定・実行は必ずしも行う必要はない。	Y□/ N□
7	初期調査に速やかに着手するため，調査体制としては企業の担当所轄部署のみで調査メンバーを選定すべきであり，この段階で外部専門家の利用は検討すべきではない。	Y□/ N□
8	初期調査段階では，調査の密行性が要求されるため，必要最小限のメンバーでのみ情報を共有し，情報漏えいのリスクを最小限に低減することが肝要である。	Y□/ N□
9	本格調査において作成される調査計画では，基本事項として，調査期限，調査範囲および手法について定めておく必要があり，調査過程で調査計画を変更することは基本的に行うべきでない。	Y□/ N□
10	法令等によって開示・公表が義務づけられていない場合，企業は不正調査の結果（不正等が発生したこと自体を含む）を対外公表する必要は一切ない。	Y□/ N□
11	不正事案の記者会見を行う場合，広範かつ詳細な想定問答を作成し，これを丸暗記する必要がある。	Y□/ N□
12	上場会社は，適時開示した事項については，改めて臨時報告書を提出する必要はない。	Y□/ N□

13	第三者委員会の委員には，企業の事情や当該事案に関連する業務知識，関係法令に精通している顧問弁護士を構成員として加えることが望ましい。	Y□/ N□
14	第三者委員会の調査では，社内の初期調査の調査結果を所与のものとして，連続性のある調査を行うことが望ましい。	Y□/ N□
15	不正リスク要因は，一般に不正のトライアングル理論から，①動機・プレッシャー，②機会，③姿勢・正当化に分類される。	Y□/ N□

◇章末理解度チェック・解答◇

No.	解答	備考
1	No	上場会社に対し，速やかな信頼回復と確かな企業価値の再生に向けたプリンシプル（原則）を示したものであり，これに違反したとしても罰則等は生じない（P18参照）。
2	No	不正の端緒の種類は，①不正関与者による自己申告，内部通報，内部監査による発見等の企業内部で発覚する場合と，②マスコミ報道，捜査機関による捜査，行政機関による調査等の企業外部から発覚する場合に分類できる（P25参照）。
3	Yes	不正の端緒をつかんだ経営者は，速やかに初期調査，応急措置および証拠保全を行って，不正の概要や社内外に対する影響の程度，調査の難易度等を勘案し，本格調査へ移行するか否かを判断しなければならない（P24参照）。
4	Yes	不祥事対応のプリンシプル（原則①）は，「必要十分な調査が尽くされるよう，最適な調査体制を構築するとともに，社内体制についても適切な調査環境の整備に努める」旨を定めている（P28参照）。
5	No	調査報告書の様式は法定されていないが，一般的に調査に至る経緯，調査体制，調査対象事実（調査範囲），調査手法，認定した事実，不正の原因・再発防止策の項目が盛り込まれることが多い（P24参照）。
6	No	抜本的な再発防止策を策定し，これを着実に実践することは，ステークホルダーや社会の理解を得て，失った信頼を回復するために必要不可欠なものである（P41〜42参照）。
7	No	不正の手口が複雑かつ専門的である場合や経営上層部の関与が疑われる場合においては，初期段階から外部専門家に相談し，調査過程・結果の信用性確保のため，外部専門家に調査を依頼することが望ましい（P27参照）。
8	Yes	情報漏えいによる証拠隠滅防止のため，不正等に関する徹底した情報管理・情報統制を行う必要がある。なお，情報漏えいには，マスコミや取引先など外部に対する情報漏えいと不正行為者等に対する情報漏えいが考えられる（P27参照）。
9	No	初期調査から本格調査に移行する時点で策定した調査計画で十分な資料が収集できていないことがほとんどであり，当初から適切な調査範囲等を設定することは難しいため，臨機応変に見直す必要がある（P29参照）。

10	No	不正の内容が個人の生命・身体の安全に関わる問題（偽造医薬品や食品偽装等）や個人情報の漏えいなどの二次被害が生じるおそれがある場面では，開示・公表義務がなくとも，可及的速やかな公表等が必要となる（P35〜36参照）。
11	No	想定外の質問がなされる可能性があるため，会社の基本的な考え方，立ち位置，社会に伝えたいメッセージ，NGワード等を骨太に準備し，記者会見の現場では経営者自らの言葉で回答したほうが，うまくいくものと考えられる（P36参照）。
12	No	有価証券報告書提出会社は，臨時報告書を遅滞なく提出しなければならず，適時開示事由は，臨時報告書の提出事由よりも広いため，適時開示を行う場合，通常，臨時報告書の提出も必要となる（金融商品取引法24条の5第4項）（P38参照）。
13	No	独立性・中立性が必要となる第三者委員会においては，企業と利害関係を有する顧問弁護士等を委員とすることは好ましくない（P40参照）。
14	No	主に社内の調査メンバーで行われた初期調査における調査結果に囚われず，初期調査における調査結果等を自ら検証した上で，改めて独自の観点から調査を実施することが必要である（P41参照）。
15	Yes	不正のトライアングル理論は，不正の原因としては①動機・プレッシャー，②機会，③姿勢・正当化の3つに整理することができるとするが，再発防止策の策定においては，こうした整理を用いて，不正が生じた原因を適切に分析することが必要である（P42参照）。

第**3**章

不正調査の法的側面

1　法的調査の概要

(1)　法的調査の目的

　不正が生じたことが発覚した場合，当該不正の内容を確認し，被害の範囲を把握するとともに，被害拡大を防ぐ必要がある。これらの対応を誤り，たとえば，不正の隠蔽等を行った場合，当該会社に対する社会的信用が著しく低下するなどの被害拡大が生じるおそれがある。

　不正は，往々にして法律や定款等の社内規定と抵触する。また，損害賠償等の被害の範囲を把握することも必要となる。このように，法的調査は，不正の内容を確認すること，被害の範囲を把握することを目的として実施される。また，将来的な再発防止策を法的観点から検討することにより，被害予防に寄与することも，法的調査の目的となる。

(2)　不正調査の法的性質

　株式会社において，取締役は，会社に対する善管注意義務（会社法330条，民法644条）および忠実義務（会社法355条）を負っている。そのため，取締役が会社の不正を認識した場合，これらの義務に基づいて，会社の信用および信頼の回復を図るため，不正の全貌を速やかに調査し，不正の原因を追及し，適切に対応することが必要となる。

　この点を具体化したのが，グループ内部統制システムに関する会社法の規定である。すなわち，会社法362条4項6号では，取締役会において決定すべき事項として，「取締役の職務の執行が法令及び定款に適合することを確保するための体制その他株式会社の業務並びに当該株式会社及びその子会社から成る企業集団の業務の適正を確保するために必要なものとして法務省令で定める体制の整備」を挙げている。この「業務の適正を確保するために必要なものとして法務省令で定める体制[1]」は，いわゆる「内部統制システム」を意味している。

会社法上の大会社は，取締役会を通じてグループ会社における内部統制システムを定める必要があり（会社法362条5項），不正が生じた場合には，内部統制システムに問題がなかったのかという観点からも法的検証を行う必要がある。

　法的調査は，企業経営の基軸とされている，コーポレート・ガバナンスやコンプライアンスに適合しているかという観点から行われる。ステークホルダーに説明責任を果たすためには，法律の専門家である弁護士等が調査に加わり，法的な見地から検証および判断を行う必要がある。

(3)　社会的非難の増大

　近年，会社が不正調査対応に積極的に取り組むようになった背景として，会社の社会的責任が強調されるにつれて，不正に対する社会的非難が増大したことが挙げられる。これに伴い，近年では不祥事が発生した際に第三者委員会を設置するよう求められることも多く見られる。会社の内部調査に委ねると，会社にとって都合の悪いことを開示しないおそれがあるからである。

　このような社会的非難を解消するためには，法律の専門家である弁護士等が独立した立場から不正の内容を確認し，被害の範囲を把握する必要がある。また，原因を究明して，不正を行った者に対して損害賠償請求および刑事告訴等を行うなどして会社の被害回復を図る必要がある。さらに，今後同様の不正が生じないよう，法的な見地から再発防止策を検討する必要がある。

　このように，会社の社会的非難に対応するため，法的調査が必要とされてい

1　会社法362条4項6号が規定する法務省令として，会社法施行規則100条1項では，①当該株式会社の取締役の職務の執行に係る情報の保存および管理に関する体制，②当該株式会社の損失の危険の管理に関する規程その他の体制，③当該株式会社の取締役の職務の執行が効率的に行われることを確保するための体制，④当該株式会社の使用人の職務の執行が法令および定款に適合することを確保するための体制，⑤次（(a)〜(d)）に掲げる体制その他の当該株式会社ならびにその親会社および子会社からなる企業集団における業務の適正を確保するための体制，(a)当該株式会社の子会社の取締役，執行役，業務を執行する社員，会社法598条1項の職務を行うべき者その他これらの者に相当する者の職務の執行に係る事項の当該株式会社への報告に関する体制，(b)当該株式会社の子会社の損失の危険の管理に関する規程その他の体制，(c)当該株式会社の子会社の取締役等の職務の執行が効率的に行われることを確保するための体制，(d)当該株式会社の子会社の取締役等および使用人の職務の執行が法令および定款に適合することを確保するための体制，を規定している。

るのである。

(4)　複雑・専門化

　会社の不祥事対応は，さまざまな要因により複雑・専門化している。法的な観点から複雑・専門化している原因は，以下のとおりである。

①　民事責任

　取締役や従業員が不正を行っていた場合，これらの者に対して損害賠償請求等を行うことになる。もっとも，IT技術の進化に伴い，ビジネスの仕組みも複雑化しつつある。そのため，果たして「不正」といえるのかを容易に判断できない事象が増えつつある。

　取締役には経営判断の原則を踏まえて責任判断が行われる。経営判断の原則とは，判断時の状況を前提とし，関連業界の通常の経営者を基準として，判断の前提たる事実認識を不注意で誤ったか，事実に基づく判断が著しく不合理であった場合でなければ，取締役の善管注意義務違反を認めないというものである。

　このように，ビジネスの仕組みの複雑化を踏まえ，専門的見地から法的判断を行うことが求められる。

②　行政責任

　一定の不正には，課徴金制度という行政罰が設けられている。金融商品取引法，独占禁止法のみならず，景品表示法や薬機法においても課徴金制度が導入されるようになった。今後も課徴金制度が導入される法律は増加することが予測される。

　この点，不正調査の担当者が直接課徴金に関する判断を行うわけではないが，会社が受けるおそれのある行政罰については，被害の程度を把握する上で網羅的に検討する必要がある。また，独占禁止法においては，早期に自首した会社には課徴金が減免されるという制度が存在する（リニエンシー制度）。当該制度を用いるべき事案であるか否かについても慎重に判断する必要がある。

これらの点においても，専門的見地からの法的判断が求められる。

③ 刑事責任

一定の不正は，詐欺罪，窃盗罪，業務上横領罪等の犯罪を構成することになる。これらの刑事責任の内容についても法的に調査する必要がある。特に，2018年6月1日に施行された司法取引に応じるべきか否かという点についても，高度な法的判断が必要とされる。

＊　＊　＊

以上のとおり，不正調査を行う上で，専門家による法的観点からの判断は必要不可欠となる。安易に社内調査のみで対応した場合，予想しなかった二次被害などが生じ，会社の社会的信用が著しく毀損されることも考えられる。企業の社会的責任の見地から，不祥事が起きてしまった場合には，適切な法的調査を実施し，ステークホルダーの理解を得る必要がある。

2 調査準備段階

(1) 調査体制

① 専門性

不正調査の影響が比較的小さかったり，調査の内容が単純なものであったりする場合には，社内メンバーにて調査を実施し対応することも考えられる。もっとも，不正調査の影響が大きい場合や，調査の内容が複雑で専門的なものである場合には，専門家が調査対応にあたる必要がある。

法的調査については，一般的に弁護士が対応にあたることになる。弁護士は，法律の専門家のみならず，客観的資料の分析や尋問技術に長けている。ヒアリングにより事実関係を聴取する方法は，訴訟における反対尋問の技術と近似する。このように，事実調査の専門家でもある弁護士が，不正調査の法的側面に

おいて対応することが望ましい。

　もっとも，法的な側面のみで調査対応が完結する場合は少ない。多くの不正は金銭に関わることである。そのような会計不正が問題となる場合には，会計資料の分析および評価を業としている公認会計士の助力を得ることになる。また，公認会計士は，内部統制監査を通じて企業内の内部統制システムに造詣が深い。そのため，内部統制システムに関する問題点の指摘や再発防止策を検討する上でも専門家として対応することができる。また，現在どの会社でもパソコンを用いて業務を行っている。そして，連絡手段として電子メールやチャットツール等を用いていることが一般的である。そのため，このような技術に長けたIT専門家（デジタル・フォレンジック業者）を専門家として調査体制に組み込むことも一般化している。

②　独立性

　一方で，調査体制に関わる者が専門家であれば足りるというわけではない。会社を擁護するために，偏った意見を述べる者が対応にあたっているとすれば，調査結果をステークホルダーが信用しないという問題が生じかねない。そのため，会社からの独立性が求められることになる。

　社外役員や顧問弁護士でも一定の独立性は認められるが，可能な限り，過去・現在・将来において利害関係がない者で調査体制を構築すべきである。

　手間暇をかけて社内メンバーを中心として不正調査を実施したにもかかわらず，独立性が不十分であるとして第三者委員会を設置するよう監督官庁から指導されることは往々にして見られる。このような二度手間を生じさせないよう，当初の段階から独立性に配慮した調査体制を整えるべきである。

③　性別

　ヒアリングを行う際に，ヒアリング対象者が女性である場合，ヒアリング実施者がすべて男性であると圧迫感を与えかねないという問題が生じうる。また，不正の内容によっては，偏った性別の調査チームであると誤った判断に至りかねない（セクシュアルハラスメント案件等）。このような観点からも，調査チームの性別が偏っている場合には，調整を図る必要がある。

(2) 調査計画

① 時間的制約

　通常，不正調査には時間的制約が存在する。決算発表の関係や監督官庁からの要請，株価下落を早期に止める必要があるなど，理由はさまざまである。しかも，多くの場合，調査対応にあたる者からすると非常にタイトな期限が設定されることになる。たとえば，有価証券報告書の提出期限の延長期間は，1カ月以内と指定されることが実務上多い。そのため，調査計画を立てる場合には，まずは調査の終了時期から逆算して計画を設定する必要がある。

② 具体的スケジュール設定

　まずは，調査範囲を踏まえた上で，必要となる業務をすべて洗い出す必要がある。具体的には，以下に例示するものが考えられるが，当然のことながら実際に直面する不正の内容に応じて，適宜必要となる業務を選定しなければならない。

(i) **客観的資料の検証**
　議事録・稟議書・契約書・帳簿・領収書等の各種書類を閲覧し，疑問点が生じた場合には，他の書類と突合したり，関連当事者に内容確認等を行ったりする作業
(ii) **ヒアリング**
　不正を行った当事者・関係者・上司・取締役等に対して質問を行い，その供述を聴取する作業
(iii) **デジタル・フォレンジック**
　パソコンやサーバーのデータを保全し，不正に関わる証拠ややりとりが存在しないか確認する作業。また，必要に応じてデータの復元作業を行い，削除された証拠を探すことも行う。

(ⅳ)　**質問状**

　取引先や関係者に対して，一定の事実の確認や質問を書面によって行う作業。たとえば，会社の帳簿残高と取引先の帳簿残高の認識が一致しているかどうかを把握するため，各々の残高を書面によって確認することがある。

(ⅴ)　**アンケート**

　社員の全員または一部に対してアンケートを実施し，不正における関与者の範囲や内容を確認する作業。また，内部統制システムの問題点などを把握することを目的としても行われる。

(ⅵ)　**ホットライン**

　調査対象とされている不正に関する窓口を設け，広く不正に関する情報収集を行う作業

　調査計画の設定においては，これらの作業のいずれを実施するのか，どの範囲（対象・者）に対して実施するのか，どの専門家が担当するのかを確定し，おおまかな所要時間を把握することになる。検討した結果，調査期限を大幅に超えてしまうようであれば，調査対象を限定したり，専門家の人数を増やしたりするなどの検討を行う必要がある。これらの作業内容を担当者別に割り振ったスケジュール表としてガントチャートを作成することもある（【図表1】参照）。

　最終報告に至る前に，ある程度調査の目処が立ったところで，中間報告を行うこともある。中間報告が予定されている場合には，その際に報告する内容を念頭に置き，調査計画を策定することになる。

【図表1】 ガントチャート例

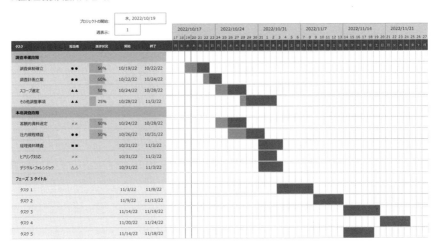

A社第三者委員会スケジュール

(3) 調査範囲

　調査範囲（スコープ）の設定は非常に重要である。調査範囲の設定が不十分であると，調査後に隠蔽されていた不正が検出されたり，実は組織的な不正であったという事実が発覚したりするなどの問題が生じうる。このような事態が生じると，会社に対するステークホルダーの信頼が損なわれかねない。

　一方で，上述したように，不正調査には時間的制約が存在することが通常である。また，調査範囲を拡大すれば，それだけ調査費用も増加することになる。そのため，やみくもに調査範囲を広く設定することは現実的ではない。

　このような事情を総合的に配慮しつつ，以下の点を踏まえ，調査範囲を決定することになる。

① 件外調査

　調査対象とされている不正以外にも，その他の不正が存在しないかという調査を件外調査（類似案件調査）という。調査対象とされている案件を調査することは当然のことであるが，それだけでは「氷山の一角」ではないかというス

テークホルダーの疑念を払拭することはできない。そのため，時間的に許される限り件外調査を行うことが一般的である。

調査対象以外の不正は，当初調査計画段階では明らかとなっていないことが通常である。もっとも，デジタル・フォレンジック，アンケート調査，ホットライン等を通じて，調査対象以外の不正に関する情報がもたらされることも多い。調査担当者としては，調査対象に関する情報のみに執着するのではなく，それ以外の不正も存在しうるという前提に立ち，調査作業を進める必要がある。

②　関係者調査

調査対象とされている不正に関しても，どの範囲まで関係者がいるのか定かでないことも多い。たとえば，部下が不正を行っていることを知りつつも，上司が黙認していたということも考えられる。また，取締役としては，そのような不正を防ぐ内部統制システムを構築していなかったことの責任が問われることも考えられる。

どの関係者も，自らの責任が問われる事態を極力避けたいと思うため，不正の関与について口を閉ざすことになる。そのため，ヒアリングで効果的な証拠を入手できない場合，電子メールやチャットのやりとり，アンケート結果等を緻密に検証することにより，関与の内容や責任の内容について検証する必要がある。

3　本格調査段階

(1)　調査の全体像

調査体制や調査計画がある程度固まった段階から，本格調査に入ることになる。時間的余裕がないからといって，調査計画が固まっていない段階で本格調査を開始すると，調査のやり残しや調査期限に間に合わないなどの事態を引き起こすことになりかねない。また，調査過程においてデジタル・フォレンジッ

クの必要性が生じたとしても，速やかに対応できるデジタル・フォレンジック業者が見つかるとは限らない。そのため，調査体制に問題がないかという点についても十分に検討を行う必要がある。

　なお，調査計画の内容について十分検討したとしても，新たに発見された事実や追加調査が必要な資料等の判明により，適宜修正を行う必要も生じる。このような事態が生じた場合には，柔軟かつ速やかに対応にあたる必要がある。

　本格調査は，概ね以下の流れに沿って行うことになる。

---

① 　客観的証拠[2]の保全・収集
② 　各種ヒアリング（供述証拠の収集）
③ 　証拠の検証・分析
④ 　その他アンケート等の検証・分析

　初期段階で事案の全体像を把握するため，簡単なヒアリングを実施することもあるが，通常，ヒアリングは客観的証拠により動かしがたい事実を確定した上で実施することになる。人の記憶は曖昧であるため，先にヒアリングによって事実を把握してしまうと，その事実が記憶違いであると後に判明することも多いためである。また，ヒアリングには日時調整等の手間暇がかかるところ，ヒアリング実施後にヒアリングと矛盾する客観的証拠が発見された場合，再度ヒアリングを実施するという二度手間が生じてしまいかねないからである。

　もっとも，客観的証拠が膨大であり，客観的証拠の検討とヒアリングが前後してしまうことも見られる。そのような場合であっても，可能な限り時間的ロスが少なくなるよう調査計画を練る必要がある。

2 　書類・物の痕跡・電磁的データ等の人の記憶に基づかない証拠。

(2) 調査協力義務

① 従業員

　会社に任命された調査チームは，従業員に対して客観的証拠の提出や各種ヒアリング対応を行うよう指示，命令することができる。会社がこのような調査を行うことができる法的根拠は，会社の秩序維持権にあるとされている。秩序維持権については，最判昭和52年12月13日において，「企業秩序は，企業の存立と事業の円滑な運営の維持のために必要不可欠なものであり，<u>企業は，この企業秩序を維持確保するため，これに必要な諸事項を規則をもつて一般的に定め，あるいは具体的に労働者に指示，命令することができ</u>，また，企業秩序に違反する行為があつた場合には，その違反行為の内容，態様，程度等を明らかにして，乱された企業秩序の回復に必要な業務上の指示，命令を発し，又は違反者に対し制裁として懲戒処分を行うため，事実関係の調査をすることができることは，当然のことといわなければならない」（下線は筆者）と示されている。そのため，調査チームは，従業員に対して不正調査に協力し，積極的に証拠提出するよう指示，命令することができる。

　もっとも，従業員に対して無制限に指示，命令することまでは認められていない。上記判例でも，「当該労働者が他の労働者に対する指導，監督ないし企業秩序の維持などを職責とする者であつて，右調査に協力することがその職務の内容となつている場合には，右調査に協力することは労働契約上の基本的義務である労務提供義務の履行そのものであるから，右調査に協力すべき義務を負うものといわなければならないが，<u>右以外の場合には，調査対象である違反行為の性質，内容，当該労働者の右違反行為見聞の機会と職務執行との関連性，より適切な調査方法の有無等諸般の事情から総合的に判断して，右調査に協力することが労務提供義務を履行する上で必要かつ合理的であると認められない限り，右調査協力義務を負うことはないものと解する</u>」（下線は筆者）として，一定の限界を認めている。そのため，調査開始段階において，念のため就業規則等を確認し，従業員の調査協力義務について根拠となりうる規定がないかを

確認しておくとよい。

② 役員（取締役・監査役等）

　会社に任命された調査チームは，役員に対しても客観的証拠の提出や各種ヒアリング対応を行うよう指示，命令することができる。会社と役員との間では委任契約（民法643条以下）が成立している。そのため，役員は善管注意義務[3]（民法644条）を負っている。不正調査は，企業価値が下落することを阻止し，信用や企業秩序を回復する目的で行われることからすれば，役員の善管注意義務の範囲に含まれることは明らかである。

③ 派遣社員

　派遣先企業は，労働者派遣契約に基づき，派遣社員に対して対象となる業務を指揮命令することができる。そして，職場の秩序維持に関しても通常，指揮命令の対象に含まれると考えられるため，派遣社員に対して不正調査への協力を求めることができる。もっとも，派遣先企業と派遣社員との間には直接の雇用契約が存在しないことから，命令違反に対して懲戒処分を行うことが難しいという問題が存在する。また，派遣期間が満了してしまった派遣社員に対して協力を求めることが困難という事情も存在する。

④ 退職者

　会社と役員との間では，上記のとおり委任契約が成立している。そして，受任者は，委任契約終了後も在任期間中の報告義務を負うため（民法645条），会社は当該報告義務に基づき不正調査への協力を求めることが可能となる。

　一方で，従業員との間では雇用契約が成立しているところ，雇用契約が終了した後は，労働者に対して委任契約のような報告義務は認められない。そのため，原則として退職した従業員は，調査協力義務を負わないことになる。したがって，退職した従業員が任意で調査に協力してくれる場合はさておき，そのような協力が望めない場合には，調査が行き詰まるおそれがある。そこで，会

3　民法644条は，「受任者は，委任の本旨に従い，善良な管理者の注意をもって，委任事務を処理する義務を負う」と定めている。

社としてはあらかじめ，就業規則や退職時の誓約書において，在職中担当した
業務に関する不正調査が実施されることになる場合には，その調査に協力する
旨の合意を明文化しておくことが好ましい。

⑤　調査妨害

　このように，従業員や役員に対して法的に調査協力義務が認められていると
しても，責任逃れの目的等により，調査に非協力的となることも考えられる。
このような場合，調査チームとしては可能な限り，上記法的根拠や企業価値の
毀損を防ぐ目的であるなどの説明を行い，調査協力に理解を得るよう説得する
必要がある。

　それでもなお必要な協力が得られない場合には，任務を全うできないことを
理由に調査を辞任することが考えられる。また，一部従業員の協力が得られな
いだけであり，不正調査の任務自体は全うできる場合には，調査報告書にその
旨を記載することも考えられる。この点，日本弁護士連合会が作成した「企業
等不祥事における第三者委員会ガイドライン」においても，協力が得られない
場合の対応として，「企業等による十分な協力を得られない場合や調査に対す
る妨害行為があった場合には，第三者委員会は，その状況を調査報告書に記載
することができる」（第2部第3.2.）と規定している。

⑥　その他の限界

　調査チームは，会社との契約により調査を行っている私的団体にすぎない。
そのため，警察のように逮捕，勾留，差押等の強制捜査権を有していない。ま
た，会社内の従業員や役員に対しては，上記のとおり法的な調査権限を有して
いるものの，会社外の第三者に対しては，原則として任意の協力を求めるほか
ない。

　このように，不正調査では証拠収集等において一定の限界が存在しているこ
とを念頭に置く必要がある。

(3)　調査対象者の処遇

①　従業員の処遇

(i)　自宅待機命令

不正行為の関与が疑われる者が社内で通常勤務していると，証拠隠滅のおそれがある。そのため，このような者については，自宅待機命令を行うことが考えられる。

なお，不正行為に対して行う懲戒処分は，同一事由について重ねて懲戒処分を行うことが禁止されている（一事不再理の原則）。そのため，自宅待機命令が懲戒処分でないこと（懲戒処分としての出勤停止ではないこと）を明記しておく必要がある。

また，自宅待機命令は，業務命令として行われるものであるため，その間の賃金支払義務が会社に課されることにも注意しなければならない。この間の賃金を支払わないこととした場合，すでに減給等の懲戒処分を受けているのに同一事項について重ねて処分を行ったとして，一事不再理の原則に該当するとして争われるおそれもある。

(ii)　解雇・退職

上記のとおり，退職した従業員は，原則として不正調査に協力する義務を負わない。そのため，仮に不正行為の事実が明らかであっても，当該従業員を調査前に解雇することは行うべきでない。また，わが国では解雇権濫用法理[4]により解雇が有効と認められるためには，厳しい要件を満たさなければならない。後日，解雇無効として争われるおそれがあることからしても，不正調査前に安易に従業員を解雇することは控えるべきである。

一方で，従業員から退職届が提出された場合，上記のとおり退職してしまうと調査協力義務を負わなくなってしまうため，会社としては当該従業員に対し

4　使用者による労働者の解雇は，合理的理由を欠き，社会通念上相当性を欠く場合には解雇権の濫用として許されないとする理論（労働契約法16条）。

て不正調査が終了するまで在籍するよう説得すべきである。それでもなお，当該従業員が退職する意思を撤回しない場合，会社としては退職届の提出を解約の申入れであるとして処理すべきである（民法627条1項）。雇用契約は，解約の申入れから2週間経った際に終了してしまう（同条項）。そのため，当該従業員に対する調査を早期に行わなければならないため，スケジュール調整等を行う必要がある。

②　役員の処遇

(i)　業務執行の中止

不正を行ったことが疑われる業務をそのまま担当役員に実施させる場合，さらなる不正や証拠隠滅のおそれがある。そのため，速やかに当該役員を担当業務から外す必要がある。なお，担当業務から外してもなお，証拠隠滅等のおそれがある場合には，業務執行権限を停止するという方法も考えられる。

この点，取締役会は，業務執行権限を付与するか否かを決定する権限を有しており（会社法363条1項2号），一時的に調査対象取締役の業務執行権限を停止させることもできると考えられる。

(ii)　解任・辞任

上記のとおり，役員との委任契約が終了したとしても，役員は在任期間中の報告義務を負うため，会社は当該報告義務に基づき不正調査への協力を求めることができる。しかし，法的な義務が認められるとしても，事実上調査に応じることを拒否することも考えられる。そのため，調査対象役員の性格や世論などを考慮した上で，解任するかの判断を行うべきである。なお，役員の解任には，株主総会決議が必要となる（会社法339条1項）。また，解任について正当な理由がない場合には，当該役員から損害賠償請求を受けるおそれがあることにつき注意が必要である（同条2項）。

調査対象役員から辞任の申出がなされた場合，委任契約ではいつでも辞任することができるとされているため（民法651条1項），ただちに委任契約が終了してしまう。この場合でも当該役員は報告義務を負うが，事実上調査を拒否することも考えられる。会社としては，このような事態にならないよう，不正調

査が終了するまでは辞任しないよう，説得を試みることが必要となる。

(4) 客観的証拠の保全・収集

① 証拠の保全

不正調査の過程において，不正行為者等が意図的に証拠隠滅を行うことが考えられる。また，通常業務の過程において関係資料が散逸してしまうおそれもある。そのため，不正調査を行うに際しては，事前に以下のような証拠の保全を行う必要がある。

(i) 証拠隠滅禁止の指示

まず，調査対象となりうる部署に対し，パソコンや共有サーバー等のデータの削除を禁止するとともに，各種資料の破棄や搬出を禁止するよう指示する必要がある。当該指示に実効性を持たせるため，万が一，指示に反して削除，破棄または搬出等の行為がなされた場合には，懲戒処分等の対象となることを伝えておくことも考えられる。

(ii) 自宅待機命令

不正行為の関与が疑われる者が社内で通常勤務していると，たとえ証拠隠滅禁止の指示をしていたとしても，削除や破棄等を行うおそれがある。そのため，このような者については，自宅待機命令を出すことが考えられる。

また，このような者は，社内の別の従業員を通じて証拠隠滅を図るおそれもあるため，従業員に対して，自宅待機命令中の者と連絡を取らないよう指示することも考えられる。

(iii) 保 全

パソコン，共有サーバー内の各種データについては，早期にデジタル・フォレンジック業者を通じてバックアップ等の保全作業を行う必要がある。その際，電子メールデータや会計ソフトデータ等，関連する可能性があるすべてのデー

タについて保全の対象とすべきである。なお，監視カメラの録画データ，入退出記録などのデータ，パソコンのアクセスログなどのデータは，日が経つにつれて上書き保存されるなどにより抹消してしまうおそれがあるため，早期にデータの保全作業を行う必要がある。また，社用の携帯電話等がある場合には，データの削除等がなされる前に回収しておく必要がある。さらに，クラウド上のデータについては，ログインIDとパスワードがあれば，社外でも証拠隠滅等がなされるおそれがある。そのため，不正が発覚した段階ですぐに会社のほうでパスワードを変更するなどして保全を図るべきである。

　その他，コピーやFAX等のOA機器においては，一定程度機器内にデータを保管している場合がある。そのようなデータについても，可能な限り漏らさずに保全しておく必要がある。

②　収集対象となる証拠

(i)　不正行為に関する証拠

　不正調査においては，不正行為の内容や範囲を把握することが最も重要となる。そのため，まずはこれらの資料を先行して収集することになる。

　資料は不正行為の内容に応じてさまざまなものが考えられる。不正取引である場合には，契約書，見積書，請求書，納品書に加え，取引に際して行われた電子メールやチャットなどのやりとりも重要な証拠となる。不正会計である場合には，金融機関口座情報，見積書，請求書，伝票等に加え，会計データに関する資料も重要な証拠となる。

(ii)　件外調査に関する証拠

　調査対象とされている不正のみに注目して証拠を収集していると，それ以外の不正の存在を見落としてしまうおそれがある。そのため，不正行為の関与が疑われる者の行動やコミュニケーションの内容を確認する証拠を収集する必要がある。具体的には，電子メールやチャット，入退館記録，パソコンのログデータ，ETCやSuica等の履歴，携帯電話内のメッセージのやりとりなどが考えられる。

　なお，会社が貸与しているパソコン，ETC，Suicaや携帯電話等であれば，

原則として会社において収集し，内容を確認することができる（収集方法の注意点についてP70参照）。

(iii) 監督者の責任に関する証拠

不正がなされた場合，安易に不正行為者のみの問題としてだけ捉えるのではなく，その者の監督者についても監督責任を果たしていないという落ち度がないかどうかを確認する必要がある。仮に監督者が不正行為に直接関与していなかったとしても，適切に監督していなかった場合には，監督責任という別の問題が生じうる。

また，会社内のルールに則って監督者が監督していたとしても不正行為を防ぐことができなかった場合，会社内の内部統制システムに不備があるという問題も生じうる。この場合，取締役が適切な内部統制システムを構築しなかったという責任問題と評価されることもある。

このような観点から，組織図，人事異動に関する履歴，職務権限規程，稟議規程，稟議書，決裁書等の各種業務関連資料を収集することが必要となる。

(iv) 会社貸与物以外（私物）の証拠

会社が所有して社員に業務目的で貸与しているパソコンや携帯電話等の電子機器は，その電子機器内のデータについても原則として会社の資産であり，会社に管理処分権が認められる。

では，従業員の私物であるパソコンや携帯電話等の電子機器の場合，どのように会社は収集することになるだろうか。一般的に，会社貸与の電子機器は，会社管理部においてモニタリングしている可能性があること，不正が発覚した際に押収される可能性があることから，不正に用いている可能性は高くない。一方で，私物である電子機器は，警察のような捜査機関でなければ捜索・差押えを受けないことから，実際にはこのような私物を不正に用いている可能性が比較的高い。

もっとも，会社が従業員の私物を業務命令等により証拠として収集することを強制することは原則としてできない。従業員の私物である以上，証拠として提出することにつき同意が必要となる。同意を得ずに勝手に証拠として収集す

るなどした場合，会社や調査チームに民事上の不法行為や刑法上の窃盗罪等が成立してしまうおそれがある。そのため，証拠として収集する物の中に従業員の私物が含まれていないかについては，十分注意を払う必要がある。

　なお，調査対象者が預金通帳等，調査上重要な私物を任意に提出してくれない場合も多い。このような場合には，「潔白であるのであれば資料を提出して説明してほしい」「特に理由もないのに隠すことになると疑われることにもなりかねない」などと説得を重ねるほかない。これにも応じないときには，調査報告書において，提出を求めたものの拒否された旨を記載するなどの対応を行わざるをえない。

③　証拠の収集方法

（i）　会社が保有する資料

　会社内で保管されている会社保有の書類等については，適宜コピーやPDFデータなどで受領することが考えられる。これらの資料が少量である場合には，コピー等を作成する業務を調査チーム自身で行うことも考えられる。一方で，これらの資料が大量である場合や，選別が困難であるなどの場合には，会社内の従業員にコピー等を作成してもらうことが考えられる。この際に，不正行為に関与した者がコピー等を作成する業務を行うことになると，不正に関連する証拠が調査チームに渡らないなどの問題が生じかねない。そのため，会社内の従業員に作業を行ってもらう場合には，その作業を担当する者についても配慮する必要がある。

　なお，コピー等によって資料の受け渡しを行うと，調査チーム内で資料共有するために，複数回コピーを行うという手間暇が発生する。また，受け渡しに郵送等の対応を行うことになり時間的ロスが生じる上に，紛失のおそれもある。さらに，紙ベースの資料を保管すると，資料保管の問題も生じかねない。そのため，近年の調査では，PDFデータなどの電磁的記録によって資料の受け渡しを行うことが多い。この場合，クラウド上にデータルームを作り，関係者のみアクセスするという対応をとることが一般的である。当然のことながら，不正調査に際して授受される資料は，極めて秘匿性が高いものであることが通常である。また，上場会社における不正調査の場合，これらの資料が外部流出す

ることになれば，株価に影響を与えかねない。そのため，情報の管理は厳格に行う必要がある。

その他，元々電磁的データで保管されている資料については，上記と同様にデータルームなどで受け渡しを行うことが通常である。

(ii) 従業員が保有する資料

従業員が保有している資料であっても，会社の業務に関する資料等については，原則として会社内に存在する資料と同様に任意提出により収集することになる。

これに対し，会社が従業員に貸与しているパソコンや携帯電話等の電子機器が対象となる場合，プライベートな内容が含まれているおそれがあることから一定の配慮が必要となる。また，鍵がかかる会社貸与のロッカー等を開閉する場合にも，同様にプライベートな私物が含まれているおそれがあるため，配慮が必要となる。

(ア) 会社貸与のパソコン内のデータ

会社が所有して社員に業務目的で貸与しているパソコンは，内部のデータについても原則として会社の資産であり，会社に管理処分権が認められる。しかし，電子メールの内容には，送受信者におけるプライバシー情報が含まれている可能性がある点に配慮しなければならない。

この点につき問題となった事件として，東京地判平成13年12月3日が参考となる。同事件では，従業員が会社のネットワークを利用して送受信した私的メールを当該従業員の同意なく閲読した行為が不法行為を構成するか否かが問われた事件である。この判決では，①米国本部には，会社のネットワークシステムを用いた電子メールの私的使用の禁止等を定めたガイドラインがあったものの，日本国内の事業部においてはこれが周知されたことはなく，社員による電子メールの私的使用の禁止が徹底されたこともなく，社員の電子メールの私的使用に対する会社の調査等に関する基準や指針，会社による私的電子メールの閲読の可能性等が社員に告知されたこともない，②したがって，社員の電子メールの私的使用には一定のプライバシー権が認められる，③しかしながら，

社内ネットワークシステムには当該会社の管理者が存在し，ネットワーク全体を適宜監視しながら保守を行っているのが通常であることに照らすと，利用者において，通常の電話装置の場合と全く同程度のプライバシー保護を期待することはできず，当該システムの具体的状況に応じた合理的な範囲での保護を期待しうるにとどまる，④そこで，監視の目的，手段およびその態様等を総合考慮し，監視される側に生じた不利益とを比較衡量の上，社会通念上相当な範囲を逸脱した監視がなされた場合に限り，プライバシー権の侵害となると解するのが相当であるところ，⑤本件では被告による監視行為が社会通念上相当な範囲を逸脱したものであったとまではいえず，原告らが法的保護（損害賠償）に値する重大なプライバシー侵害を受けたとはいえないというべきである，と判示している。

　このように，会社貸与のパソコンであっても従業員に一定のプライバシー権が認められることになる。そして，プライバシー権侵害になるか否かは，調査の必要性・相当性と調査対象者の不利益とを比較衡量することにより判断されることになる。

　以上の点からすると，以下のような点に会社は配慮する必要がある。

　まず，会社貸与のパソコンを私的利用することを認めていると（黙認していると），上記のようなプライバシー権侵害の問題が生じやすい。また，生じた場合に，比較衡量の結果，会社に不法行為が成立しやすいことになる。そこで，就業規則等により会社貸与パソコンや電子メールアドレス等を私的利用することがないよう通告しておく必要がある。

　また，定期的に会社が電子メールの内容等を閲覧・監視する（モニタリングする）ということを事前に告知していれば，不正調査の際に閲覧等を行ったとしても，プライバシー権侵害による不法行為の問題は生じにくくなる。そこで，このように会社がモニタリングを行う旨についてもあわせて就業規則等に規定しておくことが考えられる。

　その上で，実際に不正調査を行う際に調査と無関係な私的メールを不相当に閲覧調査しないという対応も必要になる。

　なお，パソコンのパスワードや，パソコン内のソフトのパスワードを従業員本人しか知らないと，その者がパスワード解除に応じない場合に，内容を確認

できなくなるおそれがある。そのため，これらのパスワードについては，会社
において把握しておく必要がある。

(イ)　会社貸与の携帯電話等内のデータ

　会社が所有して社員に業務目的で貸与している携帯電話等の端末は，内部の
データについても原則として会社の資産であり，会社に管理処分権が認められ
る。一方で，パソコンと同様に電子メールの内容については，プライバシー権
に配慮しなければならない。

　また，携帯電話等の端末においては，電話帳，発着信履歴，GPS機能等のパ
ソコンには存在しない情報も存在する。これらについても電子メールと同様に
従業員のプライバシー権侵害の問題が生じうる。

　対処方法としては，パソコンの場合と同様であり，会社貸与の端末を私的利
用することがないよう規定するとともに，定期的にモニタリングを行う旨を就
業規則等で明記しておく必要がある。

　なお，携帯電話のパスコード（ロック暗証番号）を従業員本人しか知らない
と，その者がパスコードの解除に応じない場合に，内容を確認できなくなるお
それがある。そのような事態が生じないよう，会社貸与の携帯電話等の端末の
パスコードは，会社において把握しておく必要がある。また，不正調査時にパ
スコード変更等により証拠隠滅されないようにするため，本人が調査を認識す
る前に証拠保全を行うことも考えられる。

(ウ)　会社貸与の机やロッカー等内の資料

　会社貸与の什器備品は，原則として会社の資産であり，会社に管理処分権が
認められる。もっとも，鍵がかけられる什器（机やロッカー等）については，
従業員のプライバシーの問題が生じうる。

　この点，業務用の机の引き出しやキャビネットに鍵がかけられていたとして
も，それは社員の私的領域ではないと考えられるため，原則として開閉につき
同意は必要ない。一方で，私物が保管されている可能性が高い更衣室のロッ
カー等の場合には，プライバシー保護の要請が働くため，開閉については原則
として本人の同意（本人の立会い）が必要であろう。ただし，開閉する必要

性・緊急性が認められ，本人の同意を得ることが困難である場合には，本人の同意なく，プライバシー侵害に配慮した方法により開閉することが認められる余地はある。この点は，調査の必要性・相当性と調査対象者の不利益とを比較衡量することにより判断されることになる。

　もっとも，調査をスムーズに行うため，あらかじめ従業員の同意がなくても収集および検証がなされる可能性があることにつき就業規則等で定めておくべきである。

　㈔　所持品検査

　不正が疑われる者に会社貸与の携帯電話を提出するよう伝えたところ，自らの鞄を持って逃げるように帰宅しようとした場合，所持品検査をすることができるだろうか。

　企業内のやりとりであったとしても，個人が保有する鞄などを探索することは，プライバシー侵害となる可能性が高い。そのため，原則として所有者の同意を得た上で所持品検査を行う必要がある。とはいえ，会社貸与の携帯電話をみすみす社外に持ち出されてしまえば，証拠隠滅を図られるおそれも高い。このような場合においても，所有者の同意を得なければ所持品検査を行うことはできないのだろうか。

　この点，最判昭和43年8月2日は，使用者がその従業員に対して金品の不正隠匿の摘発・防止のために行う所持品検査は，①これを必要とする合理的理由に基づいて，②一般的に妥当な方法と程度で，③しかも制度として，職場従業員に対して画一的に実施されるものでなければならないが，このようなものとしての所持品検査が就業規則その他明示の根拠に基づいて行われるときは，④従業員は，個別的な場合にその方法や程度が妥当性を欠く等特段の事情がない限り，検査を受忍すべき義務がある，と判示している。

　そのため，不正調査において所持品検査を行う可能性があり，その場合，従業員はこれに応じなければならない旨の根拠規定をあらかじめ就業規則等に定めておく必要がある。また，所持品検査の方法についても，プライバシーに配慮する必要がある。たとえば，女性従業員の所持品が対象となる場合には，女性職員のみで検査を行うなどの方法が考えられる。また，後日所持品検査の方

法の適切性が問題となるおそれもあるため，可能な限り所持品検査の一部始終を録画するなどして保全しておくことが好ましい。

(iii) 公的資料

会社内に存在する資料や本人が保有する資料以外でも，公的資料により一定の事実が明らかになることがある。たとえば，調査対象者の身分関係や財産関係に関しては，公的資料により事実が発覚することもある。以下，代表的な公的資料の収集方法および内容について説明する。

(ア) 不動産登記簿謄本（全部事項証明書）

不動産登記簿謄本は，法務局において，誰でも閲覧および謄本の交付を受けることができる。

不動産登記簿謄本は，建物と土地の2種類が存在し，いずれも所有者や抵当権等の内容が記載されている。

たとえば，調査対象者の住所地や実家の住所地の不動産登記簿謄本を取得することにより，調査対象者がどのような不動産を所有しているのか，どの金融機関に負債を有しているのかなどの情報を入手することが可能となる。ここから不正に取得した金銭の流出経路等に関する手がかりを得る可能性もある。

(イ) 固定資産評価証明書

固定資産評価証明書は，その不動産の所有者であれば，管轄する市区町村役場税務課または都道府県税事務所において，固定資産課税台帳の閲覧または固定資産評価証明書の交付の申請をすることができる。また，所有者に対する訴訟提起等を予定している場合には，弁護士に依頼することにより，所有者の同意がなかったとしても固定資産評価証明書を取得することができる。

固定資産評価証明書には，該当する不動産の固定資産評価額が記載されている。不動産登記簿謄本を取得できたものの，その価値がわからないなどの場合において，固定資産評価額から時価を推定することが可能となる。なお，一般的に固定資産評価額は，時価よりも低額で評価されている点に留意する必要がある。

(ウ)　商業登記簿謄本（登記事項証明書）

商業登記簿謄本は，法務局において，誰でも閲覧および謄本の交付を受けることができる。

商業登記簿謄本には，会社の商号，所在地，代表者の氏名，住所，役員の氏名等の情報が記載されている。調査対象者が特定の会社の株式を保有していたり，特定の会社の代表者であったりするなどの事実が判明した場合，その会社の商業登記簿謄本を取得して，会社の内容を精査する必要がある。これにより，調査対象者と共に不正を行っている者が判明することも多い。また，現在事項のみならず過去に遡って商業登記簿謄本を取得し（閉鎖謄本等についても），当該会社の来歴について精査すべきであろう。

なお，当該会社の本店所在地の土地建物に関する不動産登記簿謄本もあわせて取得し，不当な資金を用いて不動産を購入していないかどうかを調査する必要もある。

(エ)　住民票

住民票は，住民基本台帳に記載されている本人の住所地の市区町村役場において，原則として本人が写しの交付を請求することができる。また，訴訟提起を予定している場合，調査対象者が履歴書等に記載された住所から転居しており現住所が不明である場合などには，弁護士に依頼することにより，住民票を取得することができる。

住民票からは，調査対象者が実際にその住所地に居住しているのか，誰と一緒に居住しているのか，どこから転入したのか，どこへ転出したのかなどの情報を把握することができる。なお，できれば過去の住所地についても，保有不動産が存在しないかどうかについて不動産登記簿謄本を取得して確認しておいたほうがよいだろう。

(オ)　戸籍謄本

戸籍謄本は，本人の本籍地の市区町村役場において，原則として本人が写しの交付を請求することができる。また，自己の権利を行使するために戸籍の記載事項を確認する必要がある場合などには，弁護士に依頼することにより，戸

籍謄本を取得することができる。

　戸籍謄本には，本籍地，身分事項（出生，認知，縁組，婚姻，死亡，失踪等），父母の氏名，配偶者の氏名，子の氏名等の情報が記載されている。そのため，調査対象者と共謀して不正行為をなした人物が親族内に存在しないか，親族に不正に獲得した金銭を流していないかなどを確認する上で有用な資料となりうる。

　なお，戸籍の附票という過去に遡って住所地が記載されている資料が存在する。調査対象者につき，過去に遡って住所地を把握したい場合には，戸籍の附票を取得することが簡便な方法となる。

（カ）　税務申告書

　税務申告書は，税務申告を行った者しか開示請求を行うことができない。弁護士であっても税務申告を行った者の同意がなければ開示請求できないことについて留意する必要がある。

　調査対象者が確定申告を行っている場合，税務申告書は，調査対象者の資産状況や資金の流出状態を確認する上で非常に有用な資料となる。しかしながら，上記のとおり調査対象者の同意なくして税務申告書を取得することはできないため，通常の場合，調査対象者の手元に存在する控えを任意に提出するよう求めることになる。これに応じない場合には，調査報告書において，提出を求めたものの拒否された旨を記載するなどの対応を行わざるをえない。

(iv)　**第三者が保有する資料**

（ア）　質問状

　調査対象者が外部の取引先を通じて不正を行ったと疑われる場合，当該取引先の調査を行うことは重要となる。一方で，取引先は会社外部の者であるため，原則として調査に応じる義務は認められない[5]。

　調査に応じる義務はなかったとしても，質問すれば回答をしてくれることも考えられる。また，会社が把握している勘定科目の残高と取引先が把握してい

5　契約書の規定に基づき報告義務を取引先に主張できる場合もあるため，当該取引先との契約書を確認することも重要である。

る勘定科目の残高が一致するか否かを確認し，問題となる取引を特定する必要があることも考えられる。

　このような場合に，取引先に対し質問状を送付することにより，任意の回答を得るという対応方法を試みることがある。なお，書面による質問を行うべきか，電話や訪問などにより質問を行うべきかについては，質問内容と相手方のスタンスを考慮に入れて適宜選択すべきである。ただし，質問および回答については，一定の時間がかかることが予測される。特に，質問事項が多数に及ぶ場合には，そのおそれが高い。不正調査は一定の期間内に実施しなければならないことからすると，外部の取引先に確認を行う事項がある場合には，早い段階で質問状を送付しておく必要がある。

（ｲ）　弁護士会照会

　弁護士会照会制度とは，弁護士が受任している事件について，公務所または公私の団体から必要な事項の報告を求めたい場合，所属する弁護士会にその旨を申し出て，弁護士会が公務所または公私の団体に照会して，必要な事項の報告を求める制度である。弁護士会照会を受けた団体が回答に応じる義務があるかについては明文規定がないものの，弁護士会照会制度が法律上の制度であることからすれば，原則として回答・報告する義務があるものと考えられる。裁判例としても，回答・報告義務を認めたものも存在する（広島高裁岡山支判平成12年5月25日，大阪高判平成19年1月30日）。もっとも，実際には公私を問わず，照会先の団体が回答を拒否することは多い。また，回答に一定の期間（1カ月程度）かかることが多く，調査期間が短い場合には利用しにくいとの問題も存在する。

　とはいえ，過去の調査事例を踏まえ照会に応じてくれる可能性が高い団体に対しては，弁護士会照会を早期の段階で使用しておくという方法も考えられる。

(5)　各種ヒアリング

①　ヒアリングの意義

　不正調査の証拠は，人の記憶に基づかない客観的証拠と人の記憶に基づく供述証拠に大別される。当然のことながら，人の記憶には誤りや嘘が混入しがちであるため，可能な限り客観的証拠により事実を認定する必要がある。もっとも，客観的証拠があったとしても，関係者の説明によって真に意味するところが判明することも多い。また，動機や共謀等の点については，そもそも客観的証拠で裏づけることは難しく，関係者の供述に頼らざるをえない。したがって，事実の解明のためには，調査対象者を含む関係者のヒアリングが必要不可欠となる。

　一方で，ヒアリングで得られた供述証拠には，任意性および信用性が認められないと事実認定の基礎とすることはできない。任意性とは，供述が詐術や脅迫に基づくものではなく，自らの意思で供述したものであることをいう。信用性とは，供述内容が他の資料等と整合し，信用するに値するものであることをいう。たとえば，調査チームが考えたストーリーに合致するように，無理やり事実を認める旨の供述を引き出したとしても，任意性および信用性が低い供述証拠であり，その証拠に基づき事実認定を行う場合には，誤った結論に至るおそれが高い。

　このように，ヒアリングは不正調査において重要な位置づけを占める一方で，その聴取方法を誤れば，調査結果全体の信用すら失わせる危険性をはらんでいる。そのため，ヒアリングの実施には，十分注意して臨む必要がある。

②　対象者，順序

(i)　ヒアリング対象者

　不正の概要が把握できている場合には，その加害者，共犯者，関係者等がヒアリング対象者となる。なお，これらの者に対してヒアリングを実施していたところ，当初予定していない関係者が判明した場合には，当然のことながらこ

れらの者もヒアリング対象者に加える必要がある。

　また，役員等は不正の内容に直接関わっていないものの，内部統制システムを適切に構築していなかったのではないかという問題を抱えていることがあるため，役員に対しても，当該内部統制システムに関する認識や意見をヒアリングにより聴取する必要がある。

(ⅱ)　順　序

　原則的なヒアリングの順序としては，不正を行ったとされる加害者の周りに位置する者からヒアリングを行い，事実関係の概要を固めた上で加害者のヒアリングを行うという流れになる。

　しかし，必ずしもすべての案件について，このような順序が好ましいとはいえない。加害者が事実を認めているのであれば，先に加害者からヒアリングを実施し，事実関係の概要を把握したほうが効率がよい場合もある。また，会社がどのような質問をするのか，どのような証拠を有しているのかなどの情報が，先にヒアリングを実施した者から流出してしまうおそれもある。さらに，口裏合わせの可能性にも配慮しなければならない。

　調査チームとしては，このような事情を総合的に考慮し，不正調査の目的の観点から最も効果的な順序を策定する必要がある。質問の順序を誤ったばかりに事実が判明しなくなることや，ヒアリング対象者が逃亡し，ヒアリングができなくなることも考えられる。そのため，調査計画の中でもヒアリングの順序については，細心の注意をもって決める必要がある。

③　場所，時間

(ⅰ)　ヒアリングの場所

　ヒアリングの場所としては，㋐会社会議室，㋑調査チームの事務所会議室，㋒貸会議室，㋓ウェブ方式などが考えられる。いずれも，メリット・デメリットが存在するため，これらの点を考慮に入れて場所を検討することになる。

㋐　会社会議室

　会社にヒアリングを行うのに適当な会議室が存在する場合，会社会議室にお

いてヒアリングを実施することが考えられる。その場合，以下のメリット・デメリットを考慮に入れて，会社会議室で実施すべきか否かを検討する必要がある。

（メリット）
- ●場所の確保が容易である
- ●従業員の移動負担が少ない
- ●会社内に存在する資料を適宜持参することができる

（デメリット）
- ●不正調査を行っていることが知れわたるおそれがある（秘密裏に行っている場合）
- ●ヒアリングの内容が壁越しなどに漏れ聞こえるおそれがある
- ●ヒアリング終了後に他の従業員と口裏合わせや証拠隠滅を行いかねない
- ●緊張感に伴う真実の供述を引き出しにくい

(イ)　調査チームの事務所会議室

　調査チームの事務所会議室，すなわち法律事務所の会議室や会計事務所の会議室等においてヒアリングを実施することも考えられる。この場合，以下のメリット・デメリットを考慮に入れて，調査チームの事務所会議室で実施すべきか否かを検討する必要がある。

（メリット）
- ●調査チームの移動負担が少ない
- ●ヒアリング内容が外部に漏れるおそれが低い
- ●資料のコピーを作成するなどの対応が容易にできる
- ●緊張感を与えることにより，真実の供述を引き出しやすい

（デメリット）
- ●ヒアリング対象者に移動の負担がかかる場合がある
- ●裏づけ資料が会社にある場合，その場で検討することが困難になる

㈡　貸会議室

　会社会議室や調査チームの事務所会議室では都合が悪い場合，会社近辺の貸会議室等でヒアリングを実施することが考えられる。その場合，以下のメリット・デメリットを考慮に入れて，貸会議室で実施すべきか否かを検討する必要がある。

（メリット）
- 従業員の移動負担が少ない
- ヒアリング内容が外部に漏れるおそれが少ない

（デメリット）
- 会社近辺に適当な貸会議室がないことがある
- 資料のコピーを作成することが困難な場合がある

㈢　ウェブ方式

　上記のヒアリング方法は，原則として同一現場に集まって対面方式で実施することを想定していた。これとは異なり，ZoomやMicrosoft Teams等のシステムを用いてウェブ方式でヒアリングを実施することも考えられる。この場合，原則としてヒアリング対象者は自宅などの場所から参加することになり，質問者も各自の事務所等から参加することになる。その場合，以下のメリット・デメリットを考慮に入れて，ウェブ方式で実施すべきか否かを検討する必要がある。

（メリット）
- ヒアリング対象者の移動負担が少ない（特に遠方にいる場合）
- ヒアリング対象者の予定が調整しやすい
- 質問者の予定が調整しやすい
- 電話での聴取と異なり表情なども確認することができる

（デメリット）
- 緊張感に伴う真実の供述を引き出しにくい

- ●第三者がカメラ外にいるなどして情報が漏えいしかねない
- ●回答メモを参照して回答されかねない
- ●通信障害等が生じるおそれがある

(オ)　その他の注意点

あまりに会議室が狭いと不当に圧迫感を与えかねない。そのため，ある程度のスペースを確保できる会議室を選定すべきである。また，ヒアリング対象者が感情的になり自傷行為や加害行為に及ぶおそれもある。そのため，不要な筆記用具や花瓶等をヒアリング対象者の付近に置かないよう配慮する必要がある。これに加え，精神的に追い詰められたヒアリング対象者が逃走するおそれもあるため，出入口付近ではなく，奥の席にヒアリング対象者を座らせるよう配慮すべきである。

(ii)　ヒアリングの時間

長時間にわたりヒアリングを実施すると，後になって，「精神的に参ってしまい，問われるがままに答えてしまった」などと主張され，供述の信用性が疑われる事態となりかねない。そのため，各ヒアリングの時間としては，長くても2時間程度にとどめるべきである。それ以降延長する必要がある場合にも，本人に了承を得たり，適宜休憩を挟んだりするなどの対応を行うべきである。

また，ヒアリング対象者から休憩の申し出などがなされたときには，適宜10分程度のトイレ休憩や喫煙などの休憩を認めるべきである。「休憩を申し出たのに認められず，高圧的な態度で質問が続けられた」などという主張を防ぐためである。

もっとも，時間稼ぎなどの目的で，あまりに頻繁に休憩の申出がなされたり，外部の者と口裏合わせを行っているおそれがあったりする場合には，申し出を拒むことも考えられる。これは，適宜現場の状況に応じて柔軟に判断することになる。

④　ヒアリング実施者

ヒアリングの実施者は，通常2名以上で行うことになる。これは，以下の理由に基づく。

(i)　質問をメインで担当する者，記録をメインで担当する者の役割分担
(ii)　質問をしていない者は，記録を確認・検討しやすい
(iii)　メインの質問者が聞きそびれた内容等や矛盾点などにつき，補足質問が可能となる

ただ，あまりに多くの人がヒアリング実施者となると，ヒアリング対象者に圧迫感を与えかねないという問題が生じる。そのため，多くてもヒアリング実施者は4名程度にとどめたほうがよいと考える。

ヒアリング実施者は，通常調査チームの者が担当する。会社関係者は原則として同席させない。これは，会社関係者がヒアリング対象者と業務を通じて関係がある場合，その者に配慮して質問や回答が正確になされないおそれがあるためである。また，会社関係者を通じてヒアリングの情報が漏えいするおそれもある。もっとも，専門的技術に関わる質問を行う必要があり，当該専門技術に精通した者が同席することが不可欠な場合などでは，例外的に会社関係者を同席させることも考えられる。

ヒアリング実施者は，業務上尋問に慣れた弁護士が対応することが多い。もっとも，金銭的な不正の場合には，会計知識が必要になることも考えられる。このような場合，弁護士チームと公認会計士チームが別々に調査を行っているときであっても，ヒアリングを実施する際には，公認会計士をヒアリング実施者に加えるべきである。

なお，ヒアリング対象者が女性である場合，ヒアリング実施者がすべて男性であると圧迫感を与えかねない。そのような場合には，ヒアリング実施者に女性を加えるなどの配慮を行うべきである。

⑤　ヒアリング対象者の要望

ヒアリング対象者を呼び出した際に，特に条件なしに応じてくれる場合は問題ない。しかし，ヒアリングに応じるものの一定の要求がなされることや，ヒアリングに応じてくれないことも考えられる。そのような場合にどのように対応すべきかを検討する。

(i)　事前の質問事項開示

ヒアリング対象者から，ヒアリングを円滑に行いたいので，事前に何を聞かれるのかを教えてほしいと打診を受けることがある。このような場合でも，原則として質問事項を事前開示することは避けるべきである。

質問事項を事前に伝えてしまうと，前もってどのような回答をするのかを考えられてしまい，真実の回答を引き出せなくなるおそれがある。また，調査チームが把握している情報が先に伝わることで，口裏合わせなどの証拠隠滅を図られるおそれもある。さらに，ヒアリング実施の際に予期していない質問に及んだ際に，事前に開示された質問事項にないとして，回答を拒まれるおそれもある。このように，不正調査という目的からすると，事前に質問事項を開示することは控えるべきである。

もっとも，このようなおそれが低い場合，事前調査を要する場合，その場での回答が困難な事項について質問する予定である場合には，範囲を絞って質問事項を事前開示することもある。ヒアリング実施者としては，質問事項を事前開示することによるデメリットを考慮に入れて，柔軟に対応する必要がある。

(ii)　弁護士の立会い

ヒアリング対象者から，ヒアリングに弁護士を立ち会わせてほしいと要求されることがある。

まず，ヒアリングを行う際に弁護士を立ち会わせる義務はない。刑事被告人には弁護人依頼権が認められているが（憲法34条前段，37条3項前段），これは国家機関による刑事手続についての権利である。また，刑事手続上も実際の取り調べの際に弁護士（弁護人）が立ち会うことは認められていない。

　このことを前提とし，弁護士がヒアリングに立ち会うと，スムーズに供述を引き出しにくいなどの事情が想定される場合には，弁護士の立会いを拒否するという回答を行うことになる。

　これに対し，調査チームが弁護士の立会いを拒否するのであれば，ヒアリングに応じないと回答されることも考えられる。このような場合には，ヒアリング対象者と協議を重ねて妥協点を見出すべきである。ヒアリング対象者の弁護士は別室に待機してもらい，相談が必要な場合に，弁護士が待機している別室に赴くことを認めるという方法も考えられる。また，弁護士の同席は認めるものの，回答については原則としてヒアリング対象者が行うことを約束してもらうことも考えられる。

　調査チームとしては，弁護士の立会いを頑なに拒否することで，必要なヒアリングが実施できないという事態を避けるべきである。可能な限り情報を収集した上で，適切な判断を下せるよう柔軟に対応すべきである。

　なお，弁護士の立会いではなく，第三者の立会いを要望されることもある。この場合，円滑なヒアリングに支障が出るおそれがあるため，原則として拒否すべきである。この場合でも，未成年者が保護者の同席を希望するなど，合理的な理由がある場合には認めるべきと考える。

(iii)　録　音

　ヒアリング実施者が供述内容を後日確認するため，録音や録画を行うことは一般的である。一方で，ヒアリング対象者から，録音を行いたいと要求された場合どのように対応すべきであろうか。

　ヒアリング実施者が録音した場合，当該録音データを他の関係者に聞かせるなどにより，口裏合わせや今後実施される予定のヒアリングの対応等に利用されるおそれがある。また，当該録音データが外部に流出し，企業価値が下落するなどの問題が生じるおそれもある。そのため，ヒアリング対象者による録音は原則として認めるべきではない。

　録音が認められないのであればヒアリングに応じないなどと回答された場合，録音を認めない理由を説明して納得してもらうよう努めることになる。なお，ヒアリング内容を後日確認したいという理由であれば，ヒアリング実施者が録

音しているデータを適宜聞かせることはできるとして，納得してもらうことも
考えられる。

(ⅳ)　拒否した場合

　調査協力義務の箇所で述べたとおり（P62参照），従業員や役員には法的な
調査協力義務が認められる。そのため，これらの者がヒアリングに応じない場
合には，義務違反を理由とした処分等を行うことも可能となる。

　実際には，すぐに懲戒処分等に頼るのではなく，拒否する理由を聞き出し，
それを解消するよう努めるべきである。たとえば，体調不良やヒアリング対応
を行うことの不安などが理由であるとすれば，時期や方法に配慮するなどして
ヒアリングに応じることができるよう努めるべきである。

　一方で拒否の理由が疑わしい場合には，厳しい対応で臨むことも必要となる。
たとえば，体調不良を理由としているのであれば診断書の提出を要求すること
も考えられる。多忙で時間が取れないというのであれば，業務内容を確認する
とともに，上長を通じて時間の調整をするよう指示することになる。

　このように配慮してもなお頑なにヒアリングを拒否する場合には，懲戒処分
等を実際に行うことも考えられる。この場合には，調査妨害に準じて報告書に
事実経緯の記載を行うことになる（P64参照）。

　なお，調査チームとしては，可能な限り多くの情報を収集した上で判断を行
う必要がある。そのため，懲戒処分等を与えれば問題解決するわけではなく，
可能な限りヒアリングに応じてもらうよう対応を検討すべきである。

⑥　ヒアリング開始における注意点

(ⅰ)　十分な準備

　準備不足のままヒアリングを実施すると，聞き漏らしや客観的証拠と食い違
う供述を聞き逃すなどという失態を犯しかねない。通常，調査期間はタイトに
設けられている。また，何度も調査対象者がヒアリングに応じてくれるとは限
らない。そのため，十分な準備を行った上でヒアリングに臨む必要がある。

　具体的には，資料を読み込み，時系列表や当事者関係図などを作成すべきで
ある。また，当事者間で主張が食い違う場合には，主張対照表を作成する必要

がある。多くの調査チームで調査にあたっている場合には，情報が拡散しているおそれがある。そのため，各人が把握している情報を統合する作業も必要となる。これらの作業を行った上で，ヒアリング当日に聞くべき内容を列挙した質問事項表を作成することになる。

このように，必要十分なヒアリングを実施するためには，十分な事前準備を行う必要がある。

(ii)　冒頭説明

実際にヒアリングを開始する際に，(ｱ)調査チームの立場，(ｲ)ヒアリングの概要，(ｳ)秘密保持の徹底，(ｴ)録音・録画の実施，(ｵ)その他の注意点などを伝えることになる。

(ｱ)　調査チームの立場

調査チームは，依頼をした会社の代理人であり，中立の立場から調査を実施している者であることを伝える。被害者や通報者等の代理人であると勘違いしている場合，ヒアリング対象者が希望する結果にならなかった際に揉めるおそれがある。そのため，誰の代理人かを明確に伝えておく必要がある。

(ｲ)　ヒアリングの概要

ヒアリングを行う理由，調査対象となっている事実，ヒアリングの予定時間，聴取する概要について，あらかじめ説明する。ヒアリング対象者を必要以上に緊張させないよう，わかりやすく説明することが望まれる。

(ｳ)　秘密保持の徹底

ヒアリングの受け答えの内容をヒアリング未実施の者に伝えると，その者をヒアリングする際にバイアスがかかるなどの悪影響を与えかねない。また，ヒアリングで知った内容を調査完了前に外部の者に話すと，不確実な情報に基づき企業価値が毀損されるおそれがある。そのため，ヒアリング対象者に対し，ヒアリングの内容を口外しないよう伝える必要がある。

一方で，ヒアリング実施者においても，ヒアリングで聴取した内容について

は，調査チームにおいて共有するものであり，不必要に第三者に開示しないことを約束し，真実の供述を引き出すよう努めるべきである。

　㈢　録音・録画の実施

　ヒアリング実施者がヒアリング内容を録音・録画することにつき，ヒアリング対象者の承諾を得る必要がある。この点，ヒアリング実施者が録音等を行うべきかについて議論があるものの，後日回答内容を確認する必要が生じる可能性があること，供述の任意性に問題がない質問を行うことを前提とすれば，原則として録音等を行うべきである。

　では，ヒアリング対象者が録音等を承諾しない場合にはどうすべきだろうか。まずはこのような場合であっても，記録保存の必要性があることや供述の任意性に問題がないことを後日証明するため必要があることなどを理由に，承諾してもらうよう説得すべきである。それでも承諾してくれない場合には，当該ヒアリングの必要性と録音等の必要性を考慮した上で，録音等を実施しないでヒアリングを行うべきかを判断すべきである。なお，ヒアリング実施者が対象者の承諾なしに隠して録音することは（秘密録音），調査チームの信用性に疑義を与えかねないので控えるべきである。

　これに対し，ヒアリング対象者自身も録音したいと希望した場合は，秘密保持の観点から原則として拒否すべきである（P86参照）。また，録音することを認めなかったとしても，現場においてヒアリング対象者が隠して録音するおそれがある。そのため，ヒアリング対象者に対しては，そのような秘密録音の事実が発覚した場合には，懲戒処分等を行うなどと警告し，秘密保持を徹底すべきであろう。

　㈣　その他の注意点

　回答内容に嘘が含まれていると，後日嘘の事実が判明した際に問題となりうるなどと告げて，嘘の供述がなされないよう警告しておくべきである。その他，トイレ休憩や水分補給等が必要の際には自由に伝えてほしいと説明しておくことなどが考えられる。

⑦　ヒアリングの注意点

（i）　基本的注意点

　ヒアリングを行う際の基本的注意点は以下のとおりである。いずれも基本的な内容ではあるものの，相手方があることなので，実際の現場では臨機応変に対応する必要がある。

　㋐　質問すべき事項の漏れがないよう，あらかじめ質問リストを複数のヒアリング実施者で作成する
　㋑　感情的な対立が生じないよう温和な対応を心がける
　㋒　回答が意図したものでないとしてもすぐに遮らない
　㋓　客観的証拠と反する回答を行った際に，該当証拠をスムーズに提示できるように準備しておく
　㋔　ヒアリング実施者が想定するストーリーに沿わせるための強引な詰問を行わない

（ii）　実際上の問題点

　ヒアリング実施者の質問に対して，素直に回答してくれるのであれば，ヒアリングは滞りなく進むことになる。すべてのヒアリング対象者がそのように対応してくれるのであれば問題ないが，通常はそのように進まない。

　ヒアリング対象者が回答をためらう場合や，客観的証拠を示したにもかかわらずそれと矛盾するような回答を行う場合，ヒアリング実施者はどのように対応すべきだろうか。

　まず検討すべきは，なぜ回答をためらっているのか，もしくは虚偽と思われる回答を行っているのか，その理由を突き止めることである。会社から将来的に処分や損害賠償請求を受けることをおそれているのか，刑事処分を受けることをおそれているのか，かくまっている共犯者の存在が明らかになることをおそれているのか，いずれにしろ理由があるはずである。その上で，その理由を可能な限り解消するよう努めることになる。

　もちろん，約束できないことや，してはいけない約束をすることは控える必

要がある。たとえば，刑事処分に付さない，会社が損害賠償請求しないことにするなどの約束である。刑事処分や損害賠償請求の判断は，調査チームに決定権があるものでもないし，仮に会社の内諾を得ていたとしても，株主の意向によって将来的に損害賠償請求される可能性もある。

　そのような不可能な約束ではなく，たとえば，ヒアリングの内容を録音していることが問題であるとすれば録音を停止することや，人物が特定されることが問題であるとすれば，その人物をAと仮定して話を進めるなどの方法もある。実際にはさまざまな解消方法が考えられるが，それはヒアリング実施者と対象者の信頼関係や交渉結果に基づくものである。

⑧　記録の方法

　ヒアリングの内容については，何らかの形で管理・保管しておく必要がある。これは，調査報告書の裏づけ資料という目的，調査チーム内においての情報共有という目的を果たすためである。

　具体的には，以下のような方法で対応することが考えられる。

(ⅰ)　録音反訳
(ⅱ)　概要報告書
(ⅲ)　供述録取書

(ⅰ)　録音反訳

　ヒアリング実施者が供述内容を後日確認するため，録音や録画を行うことは一般的である。また，ヒアリング対象者が後日「このようなことを話した覚えがない」などと反論した場合，過去の録音データを反論根拠とすることも可能となる。

　このように，ヒアリングのやりとりを録音しているのであれば，少なくとも，調査報告書の裏づけ資料としての保全はできているし，調査チーム内においても情報共有を図れることになる。しかし，録音データのみだと，特定の発言箇所を探し出すことに膨大な時間を要する。また，ヒアリングに参加しなかった

調査チームのメンバーは，ヒアリングの全体像を把握するためにすべての録音を聞かざるをえなくなり，非効率である。

　そのため，録音反訳を作成し，視覚的に発言内容を確認できるようにして保管するという方法が考えられる。もっとも，録音反訳を手作業で行うと，膨大な労力と時間がかかる。また，作成に時間がかかると，調査チームの情報共有が遅れることにもなり，調査全体のタイムスケジュールに支障が出かねない。そこで，録音データをソフトウェアにより機械的に文字起こしさせた状態で管理・保管するという方法も考えられる。

　とはいえ，機械的に文字起こししたとしても，すべてのヒアリング内容を反訳することになると，ある程度の分量になるため，重要な供述を見つけにくいという問題は残される。また，ソフトウェアである以上，誤った反訳がなされることも考えられる。

(ii)　概要報告書

　概要報告書は，ヒアリングの概要（重要事項）を簡潔にまとめた報告書であり，調査チーム内の情報共有のために用いられる。ヒアリングの録音反訳が一字一句転記したものとすれば，その概要をまとめたものが概要報告書である。概要報告書は，あくまでも調査チーム内で便宜上利用されるものであるため，ヒアリング対象者の閲覧や署名などはなされていない。

　実際の調査現場では，録音データと概要報告書を作成・保管していることが多い。録音データが存在すれば，ヒアリング対象者の供述内容は客観的に保全されていることになり，概要報告書があれば調査チームにおいて簡潔に情報共有できるからである。

(iii)　供述録取書

　供述録取書は，ヒアリング対象者が供述した内容をパソコン等により書面化した上で，その内容に誤りがないかを確認してもらい，ヒアリング対象者に署名押印してもらう書面である。刑事手続等で作成される供述調書と同様の書面である。

　外部に証拠提出することが予定されている場合や，供述内容が極めて重要な

場合には，供述録取書を作成することも考えられる。しかし，供述録取書を作成することは，単にヒアリング内容を録音している場合と比べると，かなりの手間暇がかかることになる。そのため，すべてのヒアリングについて供述録取書を作成することは考えにくく，必要に応じて作成する種類の書面となる。

⑨　日当・交通費

ヒアリング対象者から日当や交通費を請求された場合，これに応じるべきだろうか。

まず，ヒアリング対象者が従業員や役員である場合には，業務の一環として対応にあたっているため，特に日当は生じないものと考えられる。なお，ヒアリングの場所に赴く際に交通費がかかった場合には，業務対応のためにかかった費用として会社が交通費として支払を行うことが通常と考える。

ヒアリング対象者が会社外部の第三者である場合には，公共交通機関に相当する費用を実費として支出することは問題ないと考える。一方で，日当を支払うと，供述の信用性や任意性に疑問を与えかねない。そのため，「日当を支払うことになると，調査結果に疑義が生じかねない」などと告げて，日当を支払わないことについて承諾を得るよう説得することが好ましいといえる。

(6)　証拠の検証・分析

通常，証拠は，収集され次第，内容確認が行われる。分量的にも多くなく，内容の解読に特段専門知識を要しない資料であれば，内容確認を行う上で問題は生じない。

これに対し，証拠の分量が多大な場合には，何らかの方法で重要な証拠に絞り込むことができないかを検討することになる。電子メールなどのデジタルデータであれば，キーワード調整を行うなどの方法で確認する資料を絞り込むことが考えられる。領収書などの書面データである場合には，期間や取引先等で範囲を絞り込むことになる。

絞り込みを行ったとしても，多大な証拠を検討しなければならないことは往々にして生じる。この場合，事務的作業を会社従業員に依頼することはあっ

ても，証拠の検証・分析は調査チームにおいて行わなければならない。会社従業員が不正に関与していた場合，重要な証拠が隠滅されるおそれも考えられるし，そもそも証拠の検証・分析は不正調査における最も重要な作業だからである。そのため，調査チームは業務を遂行するためのマンパワーが必要となることが多い。調査途中で大量の証拠の検証が必要となった場合，追加で補助者を選定することもしばしば見られる。

また，証拠の解読に専門知識を要する場合（外国語の書面，特許等の専門技術に関する書面，ソフトウェアに関する書面等），原則として調査チームにおいて準備した専門家の助力を得て検証・分析作業を行うべきである。

なお，検証・分析した結果は，何らかの方法で調査チーム内において共有できるような仕組みを整えておくべきである。1つのファイルに概要をまとめるという方法もあるし，定期的に調査報告を電子メール等で共有するなどの方法も考えられる。調査員が多人数になると情報が特定の者に偏ってしまうという状況が生じかねない。このような場合，誤った判断や，必要な調査を漏らすなどのミスが生じかねないため，綿密な情報共有を徹底する必要がある。

(7) アンケート・専用ホットライン

① アンケート

(i) 目　的
調査チームがヒアリング対象者と選定しなかった従業員等でも，実は不正に関する重要事項を知っているということも考えられる。また，調査対象となっている不正以外の問題（件外案件）については，ヒアリング対象者とならなかった者が把握している可能性も高い。このような目的から，不正調査ではアンケート調査が実施されることが多い。

(ii) 対象者
上記のような目的からすると，対象者はできる限り多いほうがよいことになる。しかし，子会社などの会社グループすべてを対象とすることになると，回

収作業や確認作業に多大な時間と労力がかかることになりかねない。また，回答率が低いとアンケート調査そのものの信用性が疑われかねないため，ある程度範囲を絞る必要も生じる。実際に実施する際には，不正の内容を勘案し必要かつ十分な対象者を選定する必要がある。

(iii)　実施方法

アンケート調査は，紙ベースのアンケートの場合もあれば，電子メールなどのWebベースのアンケートの場合もある。回収作業や確認作業の手間暇等を考慮に入れて，適宜，適切な方法を検討する必要がある。

(iv)　実施時期

調査初期の段階でアンケートを実施したところ，さらに調査が進んだ際に，追加でアンケートをしたい事項が生じてしまうことも考えられる。そのため，ある程度調査が進捗してから質問事項を絞ることが効率的と考えられる。

一方で，アンケート調査は，回収までに一定程度時間がかかるものである。また，アンケートの回答結果を踏まえ，追加で調査を行う必要が生じることもある。そのため，調査報告の期限が決まっている場合には，その期限に間に合うような早めのタイミングでアンケート調査を実施する必要がある。

このような相反する事情を勘案し，適切なタイミングでアンケート調査を実施する時期を決定することになる。

(v)　質問内容

回答者に負担をかけすぎると回答率が悪くなったり，回収までの時間が長期化するなどの問題が考えられるため，重要な点に絞り10問〜20問程度の分量に抑えるべきである。また，回答も選択型と自由記載に分けて，可能な限り回答者に負担を与えないよう工夫すべきである。

質問内容は，調査対象となっている不正調査の内容に応じて変化する。調査チームとして最も知りたい内容を選択する必要がある。また，件外案件に関する質問については，原則としてアンケートに入れる必要がある。

(vi)　匿名か顕名か

　アンケートを匿名で回答することができる場合，顕名の場合よりも，自由に回答することができることになる。広く情報を集めたいという目的からすると，匿名を認めるほうがよいとも考えられる。

　一方で，不正調査のアンケート調査では，アンケートの回収率を公表することが多い。これはアンケートの回収率が悪いと，そのアンケートの信用性が損なわれるからである。たとえば，回収率が50％のアンケートに基づき件外案件はないと判断した場合，残りの50％の回答の中に件外案件があったのではないかと，ステークホルダーに疑念を抱かれるおそれがある。そのため，アンケートを提出していない者を特定して，その者に提出するよう促す必要がある。

　また，アンケート結果により詳しく聞きたい内容が含まれていた場合，匿名のアンケートであると，その後の調査が手詰まりになるおそれがある。

　このように，アンケートの回収率を高める必要があること，追加調査を行う際に匿名の回答であると不都合であることからすると，原則としてアンケートの回答は，顕名で行うべきであると考える。

　なお，匿名であれば回収できたであろう情報については，後述する専用ホットラインにて回収することが可能となる。

②　専用ホットライン

　不正調査において広く情報収集する方法として専用ホットラインを設けることがある。特定の電話番号やメールアドレスを会社内などで公開し，調査対象となっている不正や件外案件について情報を求めることになる。この際には，広く情報収集する観点から，匿名でも顕名でも受け付けたほうがよいと考える。特にアンケート調査において顕名での回答を要求する場合には，専用ホットラインは匿名も許可すべきである。

　なお，専用ホットラインは，アンケート調査のように調査チームから一定の質問事項を投げかけるものではない。そのため，調査開始の初期段階から設定および公表しておいても特段支障はないことが通常である。

4 報告段階

(1) 調査報告書の作成

① 調査報告書の意義

不正調査の実施者は，不正調査の結果をまとめた調査報告書を作成する。調査報告書は，ステークホルダーに不正の内容等を明らかにすることにより，その原因および対応策等について問題がないかを確認し，適切な判断を行うための資料として活用される。また，会社としては，企業秩序を修復して，社会的信用を回復するために調査報告書を活用することになる。

② 調査報告書の構成

調査報告書の構成として法律上の定めは存在しない。もっとも，調査報告書の意義からすると，以下の主要な事項は含まれていることが望まれる。また，ステークホルダーをはじめとする会社外の者が読んだとしても不正の内容等を把握できるよう，論理的かつわかりやすい表現で作成する必要がある。また，調査結果に説得力を持たせるため，証拠に基づく適切な事実認定の過程を記載する必要がある。

(i) 調査体制
(ii) 調査対象事実（スコープ）
(iii) 調査方法
(iv) 事実認定
(v) 事実の評価・原因分析
(vi) 再発防止策

(i)　調査体制

どのようなメンバーが調査にあたったのかという事実は，調査報告の信頼性にも影響を与える。そのため，調査メンバーの内容について明らかにする必要がある。この項目では，委員のみならず補助者として参加した者，専門知識の提供をした者等についてもすべて記載することになる。

また，所属する組織（事務所名等）もステークホルダーの関心事となる。そのため，この点についてもあわせて記載する必要がある。

(ii)　調査対象事実（スコープ）

調査対象事実は，調査チームが当該調査によって解明しようとした事実である。この事実が不明確であると，調査自体が何を目的として行われたのかが判然としなくなるおそれがある。そのため，調査対象事実を明記することにより，当該調査の目的を明らかにする必要がある。

なお，調査の過程で件外案件が判明し，調査対象事実が拡大することもある。その場合にも，最終的な調査対象事実を明らかにした上で調査報告書を作成することになる。

(iii)　調査方法

どの範囲の資料の調査を行ったのか，誰に対してヒアリングを実施したのかという事実は，調査報告が信用に足るかを判断する上で重要な要素となる。また，デジタル・フォレンジックを実施したのか，アンケート調査を実施したのかという点についても，調査の網羅性を示す上で重要な事項となるため，実施したのであれば記載すべきである。

一方で，通常想定される調査方法を行わなかった場合や，調査資料を限定した場合等では，その理由を明らかにしてステークホルダーの理解を得るべきであろう。

(iv)　事実認定

不正調査の結果を踏まえ，調査チームが認定した事実を記載するのが事実認定である。調査報告書における最も重要な項目となる。事実認定の詳細につい

ては，以下において詳述する。

(v)　事実の評価・原因分析

調査チームで行った事実認定を踏まえ，事実の評価や原因を分析した結果を記載する。事実の評価や原因分析は，法的責任の観点のみならず，自主規制，ガイドライン，会社の社会的責任等の観点からも検討する必要がある。

(vi)　再発防止策

調査チームが判断した事実の評価や原因分析に基づき，今後同様の不正が生じないよう再発防止策を示すことになる。なお，実際にどのような再発防止策を実施するかは，会社の経営者による経営判断に委ねられることになるため，調査報告書に記載される再発防止策は，当該経営判断を行う上の参考資料として位置づけられる。

③　事実認定

(i)　事実認定の手法

事実認定は概ね以下の流れに沿って行われる。

(ア)　調査対象事実の確定

不正調査によって収集した証拠に基づき認定することができるのかを判断するため，まずは調査対象事実を確定する必要がある。

(イ)　調査対象事実を裏づける証拠の取捨選択

不正調査の証拠は，人の記憶に基づかない客観的証拠と人の記憶に基づく供述証拠に大別される。当然のことながら，人の記憶に基づく供述証拠には記憶違いや嘘が混入するおそれがあるため，証拠の評価において分けて検討する必要がある。

(ウ)　各証拠から立証することができる事実および調査対象事実を認定

調査対象事実の認定は，以下のような構造により行われる。直接証拠とは，

調査対象事実の存否を直接的に証明する証拠である。間接証拠とは，調査対象
事実の存在を推認させる間接事実の存否を証明する証拠をいう。直接証拠と間
接証拠の関係を表すと，【図表2】のように図式化される。

【図表2】直接証拠と間接証拠の関係

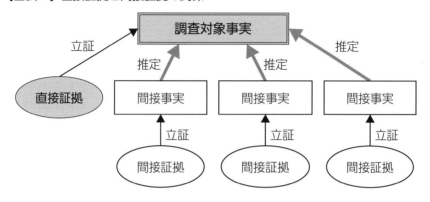

(ii)　**証拠の評価**

　このように，各事実は証拠により認定される。もっとも，認定に用いた証拠
が信用に足るものでない場合，事実認定自体に疑義が生じることとなる。その
ため，証拠が信用に足るものであるか，すなわち証拠の信用性を検討する必要
がある。

　この点，客観的証拠は，事実の痕跡が物自体に残され，人の認識・記憶・表
現等と無関係な証拠である。そのため，客観的証拠は極めて高い信用性が認め
られる。もっとも，客観的証拠は信用性が高いゆえに，盲目的に事実認定に用
いた場合に誤った結論を導きかねない。たとえば，客観的証拠が捏造されたも
のである場合，その捏造について検証を行わなかったために，事実と正反対の
調査結果となることも否定できない。そのため，客観的証拠の信用性が高いと
しても，その評価については常に慎重に行う必要がある。

　一方で，供述証拠は，人の認識・記憶・表現という過程が介在するため，客
観的証拠と比べると信用性は低いものとなる。そのため，供述内容が信用に足
るものであるかという点につき，供述内容と客観的証拠の整合性，供述内容の

具体性, 供述者の立場（不正関与者と利害関係がないか）等について十分配慮した上で, 慎重に評価を行う必要がある。

(iii)　認定の程度

事実認定にあたっては, 民事訴訟において通常要求される, 社会の常識人が日常生活の上で疑いを差し挟まずに, その判断を信頼して行動する程度の確信が得られる程度の立証（高度の蓋然性立証）が原則として求められる。

不正調査では, 調査対象事実に対して, 可能な限り高度の蓋然性立証ができるよう調査を尽くすことになる。しかし, 時間的制約があることや強制捜査権がないことなどから, 調査報告の段階ですべての点について立証できる状態となるわけではない。このような場合であっても, 「何も認定できる事実はない」と報告することになれば, 調査報告の目的を果たせないことになる。

そのため, 調査チームが行う事実認定においては, 厳格な事実認定に限らず, 疑いの程度を明示した灰色認定（グレー認定）や疫学的認定[6]を行うことができるとされている[7]。もっとも, グレー認定等による関係者の不利益や社会に与える影響の大きさからすると, 安易にグレー認定等を行うことは控えるべきである。グレー認定等を行う場合は, 可能な限り調査チームにおいて調査を尽くしたことが前提となることに留意すべきである。

(iv)　要約版（公表版）

調査報告書には, 原則として当事者の個人名や会社名および企業秘密等についても隠さず明記する。しかし, 調査報告の内容を適時開示等の要請に基づき外部に報告する場合, このような個人名等が克明に記載された調査報告書を公開すると, プライバシー, 営業秘密の漏えい, 捜査機関の捜査に対する支障等という問題が生じかねない。そのため, 一般的には, 会社に提出するオリジナ

6　疫学的方法により証明された法的因果関係。疫学的方法とは, 病気の原因あるいは伝染の経路として合理的な説明の不可能なものを取り除き, 残された有力な因子を統計的な大量観察により原因や経路として特定しようとするものである。このように, 疫学的証明とは, 消去法により高度の蓋然性を証明することを意味する。

7　日本弁護士連合会「企業不祥事における第三者委員会ガイドライン」第2部第1. 1(2)②参照。

ルの調査報告書とは別に，要約版として個人名や特定の会社名を伏字に変更し，営業秘密等の記載については問題が生じないよう配慮した調査報告書を作成することになる。

　要約版を適時開示等により公開する場合，インターネット上で誰しもが閲覧できるようになるため，伏字漏れなどがないよう最大限注意する必要がある。特に開示期限に間に合わせるため，要約版作成に十分な時間が確保できないという事態が生じることも考慮し，あらかじめ十分な時間的余裕と体制を整えておく必要がある。

(ⅴ)　依頼者への事前開示

　日本弁護士連合会の「企業等不祥事における第三者委員会ガイドライン」の第2部第2. 3では，「第三者委員会は，調査報告書提出前に，その全部又は一部を企業等に開示しない」と規定している。これは，調査報告書を事前に会社に開示することとなれば，会社から第三者委員会の判断に一定の要望が示されるおそれがあり，第三者委員会の独立性が阻害されかねないためである。この問題は，第三者委員会として組成されなかった不正調査にも同様に妥当する。

　もっとも，調査チームの明らかな誤解に基づく誤った内容が調査報告書に含まれる場合，これが公表されることにより，株価下落等の深刻な事態が生じるおそれがある。

　そのため，あくまでも調査報告書を作成する権限は調査チームに認めつつも，調査チームが必要と認めた範囲で調査報告書を会社に示して，事実関係に明確な誤りがないかを確認することが相当な場合も考えられる。この場合でも，上記ガイドラインの趣旨を踏まえ，開示する範囲を必要最小限にとどめるなどの配慮を行う必要がある。

(ⅵ)　中間報告（追加調査）

　不正調査を開始してみると，当初想定していたよりも調査事項が多かったり，予想していない件外案件が見つかったりという事情により，追加調査が必要となることがある。その結果，当初定められた報告期限に最終報告を行うことができないという事態が生じることがある。このような場合に何も報告せずに報

告期限を延長することになると，ステークホルダーに疑念や憶測を抱かせるおそれがある。そのため，現状までの調査事項と公表できる調査結果の概要を中間報告として行うことが考えられる。

　なお，中間報告の内容はその後の調査次第で変更される可能性がある。そのため，当該報告があくまでも暫定的なものである旨の注意書きを行うべきである。また，当然のことながら，中間報告を外部に公表する場合には，個人名が明らかとなりプライバシー侵害の問題等が生じないよう，伏字にするなどの配慮が必要となる。

(vii)　資料の返還

　調査チームは，不正調査の過程においてさまざまな資料・証拠を入手することになる。これらの資料のうち，ヒアリング結果やアンケート結果等の資料は，会社から独立した調査チームとして受領するという性質が認められる。そのため，調査終了後にこれらの資料を漫然と会社に提出・返還することになれば，提供してくれた者との信頼関係を損なうことになりかねない。この点，日本弁護士連合会の「企業等不祥事における第三者委員会ガイドライン」第2部第2.4においても，「第三者委員会が調査の過程で収集した資料等については，原則として，第三者委員会が処分権を専有する」と規定されている。

　したがって，調査チームにおいて収集した資料については，原則としてすべて調査チームが専有するものとして，会社に返還すべきではない。会社にこれらの資料を提出するか否かについては，調査チームの固有の判断により決するべきである。

5　処分対応

(1)　社内処分

①　従業員

　不正調査の結果，特定の従業員の不正行為が判明したとする。この場合，会社としては就業規則に基づき懲戒処分等を行うことが考えられる。なお，懲戒処分を行うためには，就業規則に懲戒処分の種類や要件等があらかじめ定められている必要がある。

　懲戒処分の内容については，不正行為の内容や被害の程度，本人の改悛の情，他の懲戒処分との均衡等を勘案して，妥当なものを適用する必要がある。

　なお，調査報告書の認定事実に基づき懲戒解雇を行ったところ，懲戒解雇された従業員が解雇無効訴訟等を提起した場合，懲戒解雇の有効性を裏づける立証活動は，会社が別途行う必要がある。調査報告書も証拠の1つとはなるものの，調査報告書の認定事実は，あくまでも調査チームにおいて認定した事実にすぎないからである。

　そのため，会社が従業員の懲戒処分を行う際には，会社が保有する証拠に基づき，仮に従業員が懲戒処分の無効を争ったとしても問題がないかを検証しておく必要がある。ちなみに，上記のとおり，調査チームが収集した資料等は，原則として調査チームに専有されることとなる。そのため，調査チームが実施したヒアリング結果（録音データ等）を会社が入手できないおそれは高い。このような観点も踏まえ，会社が保有する証拠の十分性について検討する必要がある。

②　取締役

　不正行為を行った者が代表取締役である場合，取締役会決議により代表権を剥奪することが考えられる。また，取締役においても業務執行権を剥奪するこ

とが考えられる。

また，不正行為を行った取締役が辞任しないものの，取締役を辞めてもらうことが相当である場合には，株主総会において過半数の賛成があれば解任することができる（会社法339条1項）。ただし，解任につき「正当な理由」がない場合，解任された取締役から損害賠償請求を受けるおそれがある（同条2項）。そのため，解任を行う際には，「正当な理由」を証明するに足りる証拠が手元にあるのかを検討する必要がある。

(2) 民事責任

① 従業員

従業員の不正行為に基づき会社が損害を被った場合，会社は原則として当該従業員に対して損害賠償請求を行うことができる（民法415条，709条）。もっとも，会社は従業員を用いて利益を上げている以上，損害の公平な分担という見地から，信義則上相当と認められる限度において，損害賠償等の割合が制限されることがある。そのため，常に会社が被った損害の全額を従業員に請求できるものではないという点に注意が必要である。

② 取締役

取締役は，会社に対する善管注意義務（会社法330条，民法644条）および忠実義務（会社法355条）を負っている。そのため，取締役の不正行為に基づき会社が損害を被った場合，会社は原則として当該取締役に対して損害賠償請求を行うことができる（民法415条）。

なお，取締役の会社に対する損害賠償責任を免除するためには，総株主の同意が必要となる（会社法424条）。そのため，当該要件を無視して取締役の損害賠償責任を免除するなどの対応を行ってはならない。

(3)　刑事責任

　不正調査の結果，不正行為者に犯罪が成立すると考えられる場合，会社としては刑事責任を問うために，刑事告訴や告発を行うことを検討することになる。取締役は，調査報告書の内容を踏まえ，不正行為者の刑事責任を問うべきかを検討することになる。この際に，取締役が善管注意義務や忠実義務を負っているということを自覚し，ステークホルダーの意向を踏まえて判断を行う必要がある。

6 　法的側面に関連する事例

　法的側面に関連する事例について紹介する。

(1)　事例1：品質偽装（S社）

　以下の解説は，2018年9月28日にS社が公表した「完成検査における不適切な取扱いに関する調査報告書」[8]の記載に基づくものである。

【事案】

> 　S社は，2017年に国土交通省の指示による調査で無資格検査の問題を把握し，2017年12月19日付「調査報告書」を公表した。
>
> 　当該調査の中で燃費・排ガスの問題を把握し，新たに社内調査を行い，翌2018年4月27日付「調査報告書」を公表した。さらに2018年に国土交通省の立入検査があり，燃費・排ガス測定時の条件に不適切な疑いがあり，2018年9月28日付で3回目の「調査報告書」を公表した。

8　https://www.subaru.co.jp/press/file/uploads/news/2018_0928_2-1b.pdf

　S社では，少なくとも測定データが残存している2012年12月から2017年12月までの間，測量担当者や本工場・Y工場の別にかかわらず，広くトレランスエラー（走行中における許容誤差の範囲からの逸脱をいう）時間の書き換えが行われた。具体的には，検証の対象となった6,530台分の測定試験のうち，1,530台分の測定結果において，実際のトレランスエラー時間を書き換えるという不正行為が行われていた。

　測定担当者はトレランスエラーが発生したときに班長などに相談し，「トレランスエラー時間を0秒に書き換えればよい」などと指導され，書き換えを行っていた。このやり方が後輩に引き継がれ，長年続いていた。

　書き換えの背景には，再試験をすると社内規程の走行距離を超えることから，新車として販売できなくなるという事情があった。

【不正調査の観点からの注意点】

　品質偽装は，国土交通省などの政府機関による改善命令を発端として第三者機関による調査が行われることがある。本件も，国土交通省による改善指示と報告の要請が行われたことで1回目の調査報告書が作成されている。

　本事案でもそうであったように，品質偽装に関しては当初の調査対象自体は特定の事項に絞られているものの，調査を進めていくうちに他の不正が明らかとなり，調査が2回3回と進められ，調査報告も複数回にわたることも多いのが特徴である。

　調査にあたっては対象業務に従事する従業員全員に対するアンケートも効果的である。本件の調査においても578名にアンケートを実施し全員から回答を受領している。

(2)　事例2：情報漏えい（M社）

　以下の解説は，2022年6月29日付「第三者委員会調査報告書（公表版）」[9]の記載に基づくものである。

9　https://www.metaps-payment.com/company/report_metapspayment_20220701.pdf

【事案】

　　M社は，EC市場・実店舗における各種決済サービスを展開する会社である。

　　本事案は，M社の決済データセンターサーバー内に配置された一部のアプリケーションの脆弱性が利用され，不正アクセスが行われたものである。攻撃は，2021年8月2日から2022年1月25日にわたって複合的に行われ，決済情報等が格納されているデータベースにまで達し，個人情報を含む情報が外部に流出した。

　　情報漏えいの要因としては，システム環境の観点から，①社内用決済管理画面のアカウント情報の取得および不正アクセス，②SQLインジェクション攻撃，③バックドアプログラムの設置および攻撃，④社内用決済管理画面への再度の不正アクセスおよびカード番号照会，⑤バックドアプログラム経由での攻撃の収束という時系列であるとされる。

　　本件事案が発生した後，これによる情報漏えいの発生，あるいはその被害の拡大を防止しえたタイミングとして，

① 　SQLインジェクション攻撃を受けていることをM社が認識した2021年10月
② 　各カード会社からの報告によりカード情報の不正利用が生じている可能性が発覚した2021年12月
③ 　決済システムからの情報漏えいの事実を認識した2022年1月

の3点が挙げられる。

　　しかしM社においては，各時点において必要十分な対応がとられておらず，そのことが程度の差こそあれ，本件事案による情報漏えいないしその被害の拡大につながっている。

【不正調査の観点からの注意点】

　　情報漏えいに関しては，本件事案のように，第三者によるシステムに対する不正アクセスに関連するものである場合が多い。システム環境の脆弱性等を前提にした事象である場合，システム環境の観点からの事実関係の調査，原因の究明，再発防止策の検討が必要であり，この観点からの調査等については弁護士というよりもセキュリティに関する専門家による調査が必須となる。

他方で，本件事例のように，システム環境の脆弱性の発生を未然に検知または防止できる体制が欠如していた疑いや，本件事案における対応が不適切であった疑いがあり，人的環境面（体制整備面）での問題も疑われる場合があり，これらの課題に関しては法的専門家として弁護士が主として調査を行うこととなる。

以上のように，情報漏えい事案に関しては第三者委員会としてもチームメンバーの構成を慎重に検討することを要する。

(3)　事例3：違法建築（L社）

以下の解説は，2019年5月29日付「施工不備問題に関する調査報告書（概要版）」[10]の記載に基づくものである。

【事案】

L社は，賃貸住宅事業を行う連結売上5,000億円規模，連結従業員7,000人規模の企業である。

L社では，2018年に同社施工のアパートで施工不良が発覚した。具体的には，アパートなどの共同住宅では，隣の部屋との間に「界壁」を設置すること，界壁の断熱材にはグラスウールかロックウールを使用することが建築基準法で定められている（これは遮音と防火の役割がある）。

しかしL社の施工物件では，断熱材に発泡ウレタンが使われ，界壁や外壁に壁パネル（発泡パネル）が使用されており，防火どころか，むしろ燃えやすくなる仕様であった。

発泡パネルの使用には建築基準法に従って性能検査を行い，大臣認定を得ることが必要であるが，L社は大臣認定を受けていなかった。ただし，L社はこの工法について特許出願を2件しており，意図的な品質不正というよりも法令の理解不足とされる案件である。

10　https://www.leopalace21.co.jp/ir/news/2019/pdf/0529_4_1.pdf

【不正調査の観点からの注意点】

　本件では，建築関係法令に対する遵法意識・リスク感度が低く，品質問題に対する当事者意識も欠如していたことが指摘されている。

　上記のように，L社は大臣認定が不要と考えていたものといえるが，L社に対しては物件オーナーから複数訴訟が提起されており，オーナー側から，係争建物に存在するいくつかの建築基準法違反の1つとして，小屋裏等界壁の未施工も指摘されていた。

　不正調査においては対象会社に対していかなる訴訟が提起され，いかなる主張が行われているかも把握することが有益である。

　また，本件では第三者委員会が施工業者に対するアンケートを実施していることも意識したい（L社の販売した物件10棟以上を施工した施工業者236社中84社が回答）。

　取引先へのアンケートを行う調査は比較的珍しいが，アンケート結果にはさまざまな回答があり，L社からいかなる指示を受けていたかなどの施工実態を把握する有益な方法である。

⑷　事例4：リニア談合（O社）

　以下の解説は，2019年1月31日付「調査報告書（開示版）」[11]の記載に基づくものである。

【事案】

　O社は，2017年12月8日，JR東海発注に係るリニア中央新幹線の建設工事（以下「リニア工事」という）の競争見積りに関する偽計業務妨害被疑事件につき東京地方検察庁特別捜査部の捜索差押えを受け，同月19日には，同工事の競争見積りに関して独占禁止法違反の疑いがあったとして，東京地検特捜部および公正取引委員会の捜索差押えを受けた。

11　https://www.obayashi.co.jp/news/upload/img/news20190131_1.pdf

　2018年3月23日には，〇社，T社，K社およびS社の4社および〇社とK社の従業者各1名が，リニア工事の競争見積りに関する独占禁止法違反被疑事件について公正取引委員会から刑事告発され，これらの者につき，同日付けで東京地方検察庁により同事件についての公訴が提起されるに至った。

　これらは，いわゆる受注調整（公共工事における談合に相当）の事案である。

　本件の受注調整の発生の背景としては以下が挙げられている。

① 建築事業部門と土木事業部門との分化により，両事業部門の間に相互不干渉ともいうべき意識が醸成されている可能性があること
② 建設会社の土木事業部門の役職員は，日常的に同業他社の役職員とコミュニケーションを取り合う関係にあり，心理的な意味での距離が近いこと
③ 談合決別宣言とその後の土木業界における経営環境の急激な悪化が相まって，同業者間で赤字覚悟の熾烈な叩き合いが繰り広げられた時期を経験したこと
④ 談合（受注調整）の誘惑は現在もなお存在しているにもかかわらず，談合決別宣言等の効果への過信からくる油断があったこと

【不正調査の観点からの注意点】

　〇社は本事案発生前も独自の「独占禁止法遵守プログラム」を掲げていたが，不正調査としては当該プログラムが形骸化していなかったのかどうかも入念な検討が必要となる。

　本事案発生後，〇社は内部統制の構成要素ごとに，第三者委員会からの提言に基づき「独占禁止法遵守プログラム」を追加している。

① 「許さない雰囲気」の醸成（統制環境）
② リスクの評価と対応
③ 「させない仕組み」の構築（統制活動）
④ 適時的確な情報の伝達（情報の伝達）
⑤ 監視と改善（モニタリング）

　なお，本事案のように刑事事件において関連する各種パソコン等が押収されている場合には，検討の上デジタル・フォレンジックの実施を見送る場合もある。本件の第三者委員会もデジタル・フォレンジックの必要性は低いものと判断し，実施をしていない。

(5)　事例5：外国公務員への贈賄（T社）

　以下の解説は，2020年4月2日にT社が公表した第三者委員会による「調査報告書（公表版)」[12]の記載に基づくものである。

【事案】

　T社は，連結売上800億円，連結経常利益30億円，連結従業員数約7,000人規模のプラスチック製収納用品などのメーカーである。T社はベトナムの現地法人であるT社ベトナムを子会社としている。

　T社ベトナムは，2017年6月に現地の税関局による調査を受け，金型の輸入販売が付加価値税の対象になるとして17億9,000万円の追徴金を指摘された。T社は税関局職員に調整金（現金）を支払って，追徴金の減額を企図した。T社ベトナムの社長は，税関局職員に問い合わせて調整金の相場が1,650万円程度と知り，T社にこれを伝え，T社の社長はこれを支払うことを承認した。

　2019年8月にはベトナムの税務局がT社ベトナムの定期税務調査を実施した。税務調査において，ある投資案件については税優遇を受けられないこと等の理由で，法人税未納額と罰金などで8,900万円相当の追徴課税が発生すると指摘された。税務局の調査リーダーは1,500万円相当の賄賂で追徴金を減額することを示唆し，翌日，実際にT社ベトナムは1,500万円の現金を調査リーダーに渡した。

---

[12]　http://www.daisanshaiinkai.com/cms/wp-content/uploads/2019/12/200402_chousa7958.pdf

【不正調査の観点からの注意点】

　　外国公務員に対する贈賄の不正調査については，まず現地調査が必要となる。具体的には問題となった国へ訪問し，関係資料の保全や現地関係者のヒアリング，現場の確認などが必要となる。

　　新興国の子会社では，役職員が現地公務員から贈賄の要求を日常的に受けるリスクがあることを認識し，調査としても，現地公務員から具体的にどのような明示または黙示の要求があったのか，社内での決裁プロセスはいかなるものであったのか，実際の資金移動はどのように行ったのかを慎重に認定する必要がある。

　　関係資料の確認としては，まず海外子会社管理の体制を把握するため，子会社管理規程を確認する。子会社管理規程を確認することで，子会社に移譲している権限の範囲を確認し，事前に親会社に承諾を得るべき取引の範囲を確定する必要がある。

　　その上で，稟議規程，職務決裁基準規程，経営会議規程を確認した上で，会社内にどのような資料が存在するか（存在すべきか）を確認し，実際に資料を収集する。外国公務員に対する贈賄案件では，稟議書，電子メール，会話録音などの資料に加え，金員の交付があることから銀行口座履歴により資金の流れを特定する。

　　日本にある親会社に対する調査としては，どこまでの役職員が贈賄の事実を認識し，どのような会計処理が行われたのか，外国公務員に対する賄賂に関してどのような牽制をしていたかを特定し，全社的な再発防止策の検討も行う。

◇章末理解度チェック◇

No.	問　　題	Yes/No
1	不正調査において法的調査が必要とされているのは，社会的な非難が増大していることも理由の1つとして挙げられる。	Y□/ N□
2	調査チームを構築する際に，チームのメンバーの専門性が高いのであれば，その他の事由は特段重要ではない。	Y□/ N□
3	不正調査では，時間的な制約を気にすることなく，可能な限り調査を実施することが求められることが一般的である。	Y□/ N□
4	不正調査の対象となるのは，問題となっている不正に限定されており，それ以外の事項については調査対象とならない。	Y□/ N□
5	役員のみならず従業員に対しても原則として不正調査に協力する法的義務が認められる。	Y□/ N□
6	自宅待機命令を行った従業員に対して賃金を支払うことは，通常行わない。	Y□/ N□
7	会社貸与物以外の私物については，原則として会社は強制的に収集して調査に充てることができない。	Y□/ N□
8	会社貸与のパソコンのデータ（電子メール等を含む）については，会社は何も支障なく不正調査の証拠として収集および検証することができる。	Y□/ N□
9	不正調査の資料としては，会社内に存在する資料のみを検証すれば足り，公的資料等を検討する必要性はない。	Y□/ N□
10	ヒアリングを行う際には，相手方を威嚇しないようにするため，原則として質問者1名のみで実施すべきである。	Y□/ N□
11	ヒアリングの結果は，必ずしも供述録取書のようなものを作成する義務はなく，録音反訳や概要報告書のような形で整理・保管することもある。	Y□/ N□
12	不正調査の対象外の問題も発見しうる可能性があるため，従業員に対するアンケート調査は実施しておくべきである。	Y□/ N□
13	公表版の調査報告書にも，不正の事実を明らかにするために，当事者の個人名や会社名を明記する必要がある。	Y□/ N□
14	不正調査の過程で入手した資料は，原則として会社の所有物であるため，調査終了後に会社に返還しなければならない。	Y□/ N□
15	不正に関与していた従業員は，社内処分のみならず，民事責任や刑事責任を負うこともある。	Y□/ N□

◇章末理解度チェック・解答◇

No.	解答	備　　考
1	Yes	社会的非難を解消するためには，法律の専門家である弁護士等が独立した立場から不正の内容を確認し，被害の範囲を把握する必要がある（P53参照）。
2	No	調査チームの専門性が高いことは重要ではあるものの，調査チームが会社から独立しているのかという，独立性についても配慮する必要がある（P56参照）。
3	No	決算発表の関係や監督官庁からの要請，株価下落を早期に止める必要などから，一定の期間に不正調査を終了させなければいけないという期限が存在することが通常である（P57参照）。
4	No	調査対象とされている案件だけでは「氷山の一角」ではないかというステークホルダーの疑念を払拭することはできない。そのため，時間的に許される限り件外調査を行うことが一般的である（P59参照）。
5	Yes	会社は，秩序維持権に基づき，従業員に対して原則として不正調査に協力するよう指示，命令することができる（最判昭和52年12月13日）（P62参照）。
6	No	自宅待機命令は，業務命令として行われるものであるため，その間の賃金支払義務を免れないことにも留意が必要である（P65参照）。
7	Yes	従業員の私物である以上，会社が業務命令等により強制的に（同意なく）証拠として収集することは原則としてできない（P69参照）。
8	No	会社が所有して社員に業務目的で貸与しているパソコンは，内部のデータについても原則として会社の資産であり，会社に管理処分権が認められる。しかし，電子メールの内容には，送受信者におけるプライバシー情報が含まれている可能性がある点に配慮しなければならない（P72参照）。
9	No	会社内に存在する資料や本人が保有する資料以外でも，公的資料により一定の事実が明らかになることがある。たとえば，調査対象者の身分関係や財産関係に関しては，公的資料により事実が発覚することもある（P75参照）。
10	No	質問者以外にも，記録を担当すること，補足質問を行うことなどの役割が存在するため，通常は2名以上でヒアリングを行うことになる（P83参照）。
11	Yes	ヒアリングの結果をどのように整理・保管するかに法的な決まりはなく，実務上最適な方法により整理・保管しておけばよい（P91参照）。

12	Yes	ヒアリング対象外の従業員等でも，不正に関する重要事項を知っているということも考えられる。また，調査対象となっている不正以外の問題（件外案件）については，ヒアリング対象者とならなかった者が把握している可能性も高い。そのため，アンケート調査は実施しておくべきである（P94参照）。
13	No	公表版の調査報告書に個人名や会社名が記載された場合，プライバシー，捜査機関の捜査に対する支障等という問題が生じかねない（P101参照）。
14	No	日本弁護士連合会の「企業等不祥事における第三者委員会ガイドライン」にも，「第三者委員会が調査の過程で収集した資料等については，原則として，第三者委員会が処分権を専有する。」と規定されており，調査チームにおいて収集した資料については，原則としてすべて調査チームが専有するものとして，会社に返還すべきではない（P103参照）。
15	Yes	従業員の不正により会社が損害を被っている場合，従業員が損害賠償請求という民事責任を負う可能性があり，横領に関与していた場合には横領罪という刑事責任を負う可能性がある（P105参照）。

第 **4** 章

不正調査の会計的側面

1　フォレンジック・アカウンティングとは何か

(1)　フォレンジック・アカウンティングの概要

　フォレンジック（Forensic）とは，「法廷の」「法廷で有効な」などの意味で用いられる英単語である。したがって，フォレンジック・アカウンティング（Forensic Accounting）とは，法廷の会計または法廷で有効な会計という意味であり，民事に関わる弁護士が用いる情報や意見を作成したり，法廷で用いる証拠を提示したりするために用いられる会計技術である。たとえば，損害賠償請求における損害の根拠を調査し，損害額を算定して報告することで紛争解決の支援を行う業務等は，フォレンジック・アカウンティングの一類型である。ただし，フォレンジック・アカウンティングは，実際には法廷以外でも用いられる技術であり，企業において生ずる不正の調査は，ほとんどフォレンジック・アカウンティングに分類される。なぜなら，企業における不正は，ほとんどすべてが会計に影響を及ぼし，これを対象とする不正調査は訴訟を念頭に置いて行われるからである。そのため，不正が存在することを前提としない通常の財務諸表監査業務とは全く異なり，フォレンジック・アカウンティングの範囲には，単なる会計不正だけではなく，金銭に絡んだあらゆる取引の不正が含まれる。

　また，フォレンジック・アカウンティングは，単に法律的な要素と会計的な要素を組み合わせた技術というわけではない。背任や横領事件，会社法関連の違反事件，第三者委員会による不正調査等において，会計の専門知識，法廷における訴訟知識，企業のビジネスモデルの理解，コミュニケーション能力，IT技術等を駆使して処理していく専門性の高い分野である。その分，フォレンジック・アカウンティングは，裁判における証拠の収集や保全の技術として有用であるだけではなく，不正の原因究明のためにも有用であり，その報告結果は，不正の予防にも役立てることができる有益なツールであるといえよう。

(2)　財務諸表監査との違い

　通常の財務諸表監査は，限られた時間と資源の中で効率的に監査を実施するため，リスク・アプローチに基づいて手続を実施する。リスク・アプローチとは，すべての項目に対して総括的に監査を行うのではなく，経済環境，会社の特性などを勘案して，財務諸表の重要な虚偽表示に関連するリスクがある項目に対して重点的・効果的に監査を実施するアプローチである。すなわち，リスクの種類や程度を基準として，優先順位付けを行い，監査手続の対象範囲，項目および監査手法を決定することによって，より効果的・効率的な監査を実現するものである。

　しかし，不正は，上級管理者から隠蔽する意図で行われる場合もあれば，監査人から隠蔽する意図で行われる場合もある。特に後者が経営者によって行われる場合には，内部統制システム自体が機能していないため，発見が困難となる場合が多い。そのため，不正調査では，仮説検証アプローチ（その時点で入手できる情報を入手し，その情報を分析し，どのような事象が起きた可能性があるのかについての仮説を構築し，その仮説に基づいて調査を計画し，仮説の検証を行うこと）に基づいて，特定の範囲について重点的に精査を行い，証拠等を探り当てる手法が採られる。

　不正調査と財務諸表監査の相違点を表にまとめると【図表1】のとおりとなる。

【図表1】 不正調査と財務諸表監査の相違点

	不正調査	財務諸表監査
アプローチ	仮説検証アプローチ	リスク・アプローチ
実施頻度	単発的 ※不正調査は非連続的なものであり，十分な断定的要素がある場合のみ実施される。	定期的 ※監査は，定期的かつ連続的に実施される。
範囲	特定的 ※不正調査は特定の容疑を解明するために実施する。	全般的 ※監査の実施範囲は，通常財務諸表全体である。
目的	実態解明等 ※不正の実態解明，発生原因の分析，責任の所在の特定等を実施することにある。	保証・意見表明 ※通常，財務諸表の適正性について合理的な保証を得て意見を表明することにある。
対象との関係	対立的 ※責任の所在等を特定することを目的としているため，本質的に対立的な要素を有する。	中立的 ※監査のプロセスは，本質的に中立的なものである。
技術	不正調査技術 ※監査技術のほかに，書類の査閲・分析（Document Review），インタビュー（Interview），バックグラウンド調査（Background check），デジタル・フォレンジック（Digital Forensic）等がある。	監査技術 ※記録や文書の閲覧，有形資産の実査，観察，質問，確認，再計算，再実施，分析的手続等がある。

（出所）日本公認会計士協会 経営研究調査会研究報告第51号「不正調査ガイドライン」図表Ⅴ－1に基づいて筆者作成

2　不正調査のアプローチ

(1)　仮説検証アプローチ

　不正調査においては，当然ながら強制捜査権が認められているわけではない。そのため，疑わしい証拠品を一斉にかつ網羅的に押収してしまうというような荒業を用いることはできない。

　不正調査においては，仮説検証アプローチを採用することで実態解明を進めていくことになる。通常は，仮説の検証と仮説の再構築を何度か繰り返しながら，不正の手口を明らかにし，実態の解明にたどり着くことになる。仮説検証アプローチは，【図表2】のステップを経ながら進められる。

【図表2】仮説検証アプローチ

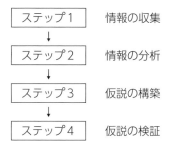

(2)　訴訟を想定した行動

　不正調査は，その案件が訴訟に至る可能性を念頭に置いて行動しなければならない。不正を立証するために，どのような要件事実についての証拠が必要であるのかについてのポイントがずれていては，有効な調査を行うことはできない。不正調査においては，民事訴訟において法律効果が発生するための要件事実を念頭に置いた上で，適切な仮説に基づいて的確に調査範囲を設定しなけれ

ば，時間と労力ばかりを浪費することになってしまうのである。もっとも，間接事実の積み重ねによって裁判官の心証形成に影響を与えることも多くの場合において重要であるため，必ずしもピンポイントの証拠が必要であるわけではないことについては留意が必要である。

　また，不正調査において証拠法則に基づいた証拠収集が必要であるとされる。ただし，民事訴訟においては，刑事訴訟における伝聞証拠禁止の原則[1]などが適用されず，原則として証拠品の証拠能力[2]は無制限に認められると考えてよい。すなわち，書面であれば，ありとあらゆる書面が証拠となりうる。相手と取り交わした契約書，合意書，示談書等はもちろん，自分で書いたメモ，日記，判子がない書面，ホームページの印刷など，すべて証拠となりうるといえる。もっとも，ある証拠がそれによって証明したい事実の認定にどの程度役立つかという効果（証拠価値）は，証拠の内容によってさまざまであり，証拠価値をどうみるかについては，最終的に裁判官の自由な判断に委ねられることになる（自由心証主義。民事訴訟法247条）。

(3)　全般的な事項から具体的な事項へ

　不正調査は，全般的な既知の情報を頼りに，不正の疑惑への関与の薄い周辺部から調査に着手し，より具体的な詳細情報を求めて核心へと徐々に調査を進めていくことが原則となる。たとえば，インタビューを行う際には，中立的な第三者の証言のうち，問題となっている事項について最も詳しくなさそうな証人からインタビューを始めて，徐々に詳しい証人へとインタビューを進める。もし，共謀が疑われる関係者がいる場合は，最も関与の度合いが低いと考えられる者から始めて，責任の重そうな関係者へとインタビューを進め，最後に，不正の首謀者と考えられる者にインタビューするといった具合に進めるべきである。

　一般的に初めから核心に迫ると，首謀者に偽装工作や証拠隠蔽の機会を与え

1　伝聞証拠（公判廷における供述に代えた書面，公判廷外における他の者の供述を内容とする供述を証拠とするもの）の証拠能力を否定する訴訟法上の原則（刑事訴訟法320条）。

2　証拠品が，訴訟において証拠として用いられるために必要な資格。

てしまったり，調査担当者の思い込み等によって焦点から外れた事項に固執して事件の全体像を見誤ったりするおそれがあるからである。

(4) 合理的な推定

　不正調査においては，合理的な推定の存在が調査の各段階に着手する根拠となるため，不正調査を進める中において，合理的推定が働くか否かについては，常に再評価し続ける必要がある。つまり，不正調査の過程で，新たな情報が得られるたびに，調査を継続する合理的な推定が成り立つかどうかを再評価する必要がある。不正の存在が合理的に推定される範囲を超えて調査を実施する場合には，責任問題に発展するリスクがあることを念頭に置く必要がある。

　たとえば，特定の従業員に関する不誠実な勤務態度，顧客との親密な関係，金銭欲，ギャンブル好きといった属性情報は，当該従業員の仕事ぶりについて慎重な聞き取り調査を開始する根拠にはなるが，その従業員の不正を追及したり，経営者に不正の警鐘を鳴らしたり，その従業員の情報機器類を調査したりする根拠としては不十分であることがある。

3　情報収集

(1) 情報収集の位置づけ

　調査担当者が不正調査を実施する場面は，不正がすでに発覚している場面だけではなく，不正の発生が疑われる場合や不正を示唆する状況が識別されたにすぎない場合もある。この場合，不正の兆候等から想定される手口は複数あるため，調査担当者は，広範な情報収集によって，より多くの兆候等を把握した上で，仮説検証アプローチによる調査を進めることが必要となる。

　不正調査においては，調査の目的および計画に基づき，不正の背景，手口，損害等の影響額を合理的に把握し，不正の原因や是正措置案を検討することが

求められる。そのため，調査担当者は，現場で調査手続を実施する前に，十分な情報収集を行うほか，財務分析，資金繰り分析の手法を利用した分析を行い，調査対象が抱える問題点を整理しておく必要がある。

　問題点の整理のためには，まず関連する情報を収集することが必要となる。情報の入手先は，公開情報，非公開情報，その他多岐にわたり，形態も紙媒体のハードコピーのみならず，コンピュータ等に保存された電子データ，関係者からの証言等，さまざまである。

　なお，当然，情報の収集そのものが仮説の検証に役立つ証拠の取得につながることもある。

(2)　一般的な情報収集の方法

　情報収集を行う場合にまず着手すべきは，比較的入手が容易な公開情報の収集である。公開情報には，調査対象会社のウェブサイト，有価証券報告書等の財務情報，企業情報データベース，業界記事，インターネット掲示板，登記情報，裁判記録，公的機関等から公表されている情報等がある。ただし，インターネット上の情報等については，その情報の真偽について吟味する必要がある。また，入手可能な公開情報は，国や地域によって異なるため，公開情報の収集に際しては，その国や地域の専門家に相談することが有効な場合がある。

　通常の不正調査においては，法的な強制捜査権限はなく，強制的に情報の収集を行うことはできない。そのため，非公開情報の収集は，基本的に任意の情報提供によることになる。調査対象会社が保有する情報については，依頼者との不正調査に関する契約等に基づいて情報提供を受けることができるが，調査対象者や外部関係者に帰属する情報については，情報の入手に困難が生じることが多い。必要な情報を収集するために，外部の興信所を利用する等，さまざまな方法が考えられるが，調査対象者のプライバシーや名誉を侵害するような手法で情報収集を行った場合には，不法行為を構成する可能性があるため注意が必要である。

(3)　情報収集とプライバシーとの関係

　情報収集の対象となる電子データが調査対象会社の所有する機器に保存されているものであれば，その中に利用者個人の情報が含まれていたとしても，情報収集を行う一定の権利が認められることが多い。しかし，調査対象となる機器は，必ずしも調査対象会社所有のものには限られない。特に共謀等を立証する証拠となりうる通信内容は，個人が所有する携帯電話やスマートフォンに含まれていることが多い。

　個人所有の機器を業務等に利用している実態がある場合，個人所有機器の業務利用等のルールを定める社内規程が存在することが，その機器を調査対象とする根拠となる場合がある。しかし，個人所有の機器を調査対象とする具体的な根拠が存在しない場合には，所有者の任意の同意を得た範囲，方法で調査を進める等，所有者のプライバシーに配慮した方法で調査を進める必要がある。

　この点については，不正調査の法的側面（P71〜75）も参照されたい。

(4)　電子データの収集

　電子データは，業務上稼働している機器に保管されているケースが多く，調査対象によっては，システムそのものや複数の利用者のアクセスにより，データが変更され，上書きされることが日常的に起こる。そのため，対象となる機器等を早期に確保して，電子データの取得，保存をすることが証拠保全のための重要な手続となる。

　なお，調査担当者による機器の回収や電子データを取得する過程で，意図しないデータの破壊や改変が生じ，本来入手できるはずの証拠を喪失してしまう可能性があることに注意する必要がある。また，調査対象のデータに変更が生じなかったとしても，調査担当者による電子データの取得，保存，分析手続等の実施に際して，証拠保全の手続が不完全であるために，電子データに基づく証拠の信頼性に争いが生じる可能性もある。たとえば，データ分析に着手する前のオリジナルデータが保存されておらず，調査担当者の分析手続を再現でき

ないような場合である。

　そのため，電子データの証拠保全に際しては，デジタル・フォレンジックの専門家の協力を得ることが有効である。また，不正関与者等によって電子データが消去されてしまった場合であっても，デジタル・フォレンジック技術を用いて対象データが復元可能なケースもある。

　この点については，第5章も参照されたい。

(5)　インタビューによる情報の収集

　不正調査においては，調査の過程で，通報者，被害者，調査対象者，その他の関係者へのインタビューが，事実関係の把握を行う上で重要な情報源の1つとなる。ただし，任意で実施するインタビューにおける供述は，虚偽の内容，思い込みや記憶違い等から生じる誤りも存在する可能性があることに注意が必要である。

　インタビューにおいては，一般的に，調査対象となる不正に関係した事実を入手することに十分な時間をかけ，より深い内容の供述を入手できるように留意する必要がある。インタビューを通じて，適切で核心をつく情報を網羅的に入手し，無関係の情報を排除するためには，インタビューの実施前にどのような情報が重要で，どのような情報を入手するためにインタビューを実施するのかということを明確にしておくことが重要となる。また，インタビューにより有用な情報が得られるか否かは，基本的にインタビュー対象者の協力の程度にかかっており，調査担当者はインタビュー対象者との間に一定の信頼関係を構築する必要がある。たとえば，いきなり調査に関係する質問を投げかけるよりも，まずは軽い雑談を交わしてインタビュー対象者の緊張や不安を和らげることで，インタビューをより充実したものにすることができる。

　インタビューの順序は，通常，全般的または一般的な事項から始めて具体的な事項へと進める。この方法により，詳細な内容を聞き出す前に全般的な事項について理解を得ることができる。また，既知の情報から始めて未知の領域に質問の範囲を広げる進め方もある。この方法によれば，既知の情報について詳述してもらい，そこで述べられた事実との論理的なつながりで次の質問を組み

立てることができる。

　情報収集の段階では，できるだけ会話が弾むように主にオープン・クエスチョン[3]で質問を行う。これによりインタビュー対象者から独自の情報を得られる機会を増やすことができる。なお，オープン・クエスチョンはやや命令口調で行うと最も効果的とされる。収集できる情報の範囲を狭めてしまうようなクローズド・クエスチョン[4]は，情報収集段階においてはできるだけ避けるようにする。クローズド・クエスチョンは，インタビューの最終段階で再確認を行う際に使用する。また，すでに知っている事項について，それを相手に認めさせる場合には誘導質問が有効である。

　なお，インタビューの内容については，適時に文書化し，インタビュー対象者から確認のサインを得ることで証拠化しておくことが望ましい。

(6)　現物の視察

　不正な行為や取引等に関連する資産の現物を，視察，観察，実査等の手続により，実際に確かめることで資産の実在性に関する情報を入手することができる。現金や金券類，棚卸資産，固定資産等の有体物については，実在性に関する情報の取得が調査を進めるための基礎情報となる。

4　情報分析

(1)　情報分析の位置づけ

　収集した情報の分析には，主に財務記録を中心に分析を行う財務分析とそれ

3　自由回答を求める形式の質問をいう。たとえば「今日は何をしていましたか？」といった形式の質問である。
4　「はい」「いいえ」または複数の選択肢による回答を求める形式の質問をいう。たとえば「今日は朝食を食べましたか？」といった形式の質問である。

以外の情報を中心に分析を行う非財務的な分析がある。不正に関連して収集した情報を分析する場合には，両者を単独または組み合わせて分析することが重要である。調査担当者は，さまざまな情報分析手法により，異常の有無を分析し，不正調査に必要な仮説の構築を行い，仮説の検証のために調査要点の絞り込みを行うことになる。

なお，情報分析により仮説の検証に役立つ証拠を入手することもある。

(2) 財務分析

財務分析の最初のステップは，過去の財務情報を分析することである。有効な財務分析によって，潜在的な不正の兆候を識別することができる場合がある。

財務分析は，比較数値間の変化，同一性，不一致を発見するために行われるものであり，比較による効果を勘案してその方法を適宜選択して適用することになる。比較する情報間に不整合を生じさせる事象が，調査の対象となる不正以外には存在しないということが確認されれば，把握された異常を不正の兆候と捉えることが可能である。項目によっては，単純な比較だけで十分に調査目的を達成することができる場合がある。たとえば，毎年度，同一金額が繰り返される項目などは，前事業年度末日現在の残高と当事業年度末日の残高を比較するだけで調査目的を達成できることがある。しかし，不正以外の要因によってデータ間の整合性に影響を与える特別な状況が存在するのであれば，その影響を取り除いた上で分析を行う必要がある。

したがって，調査担当者は，財務分析の実施目的と適用可能性を十分理解した上で，財務報告作成プロセスや事業内容等に関する理解に基づき，財務分析の基礎となる情報の相互間に存在する関係性を把握して，利用する情報の取捨選択をする必要がある。

財務分析には単純な比較から統計的手法まで多様な手法があるが，主な財務分析の類型は，以下のとおりである。

① 趨勢分析

趨勢分析は，通常，財務情報の変動に係る矛盾または異常な変動の有無を確

かめるために効果的な手法である。趨勢分析は，財務情報間に存在する関係が合理的に推測できる場合に最も適合するが，事業内容の変化や会計方針の変更があるときには効果的でない場合がある。趨勢分析においては，単に前事業年度と比較するより，複数事業年度にわたり時系列で比較し，かつ可能であればより小さい単位（たとえば，セグメント単位，事業所単位）で比較するほうが有効である。

② 比率分析

比率分析は，財務情報相互間または財務情報と財務情報以外（たとえば，従業員数）の情報との関係を用いる手法である。比率分析は，情報間に存在する関係が合理的に推測できるとともにそれが安定している場合に最も適合する。また，貸借対照表項目と損益計算書項目との関係（たとえば，売上債権回転期間）による比率分析によって異常な増減を明らかにすることがあり，趨勢分析より効果的な場合がある。

③ 合理性テスト／回帰分析

合理性テストは，調査担当者が算出した金額または比率による推定値と財務情報を比較する手法である。合理性テストの有効性は，財務諸表項目に影響する要因や情報間に存在する関係についての調査担当者の理解の程度により影響を受ける。また，回帰分析は，統計的手法による合理性テストの一種である。統計的なリスク比率と精度の水準を利用して求めた金額による推定値と財務情報を比較する手法である。統計的手法にはいくつかのモデルがあるが，回帰分析の利点は，推定値の算出が明確かつ客観的に可能となり，精度の高い推定値が算出できること，推定値の算出にあたって，多くの関連する独立変数を含めることができること，推定値の精度の水準が直接的に，かつ数値により明らかにされることである。

5　仮説の構築

　調査担当者は，不正に関する情報の収集とその情報の分析結果に基づいて，不正に対する仮説を構築する。仮説の構築は，十分な情報の収集と分析の下で，いかなる不正に対しても構築が可能となる。仮説の構築においては，最悪の場合も想定し，調査対象会社に存在する固定概念を取り払って，幅広い可能性を探る必要がある。

　不正に対する仮説の構築とは，次の事項を具体的に検討することを意味する。

- 誰が（不正関与者）
- 誰とともに（共謀者）
- なぜ（動機・プレッシャー）
- いつ（不正実行日時，期間）
- どこで（場所）
- 誰に対して（被害者）
- どんな方法で（手段，手口）
- 何をしたか（結果）

　仮説の構築については，不正調査チーム内で情報を共有し，協議によって検討を行うべきであり，次の事項をあわせて検討することが必要である。

- 入手した情報の真偽
- 実行可能な不正の手口
- 不正を知りうる立場にある者の特定
- 不正発生に関する3要素（「動機・プレッシャー」「機会」「姿勢・正当化」）の検討
- 経営者や従業員の不自然な行動，生活様式の変化等の検討

　なお，仮説については合理的な推定が働くか否かを常に再評価し続ける必要がある。仮説の検証等の調査手続において新たな情報が入手され，構築した仮説に合理的な推定が働かないと考えられる状況となったときは，仮説の再構築を行う必要がある。

6　不正の手口

　不正にはその発覚を防止するための手口が存在し，不正の手口を正しく理解しておくことが，不正に関する仮説を構築するために不可欠となる。以下では主な不正の手口について説明する。

(1)　会計操作の構造

　複式簿記とは，取引ごとに，必ずある勘定の借方と他の勘定の貸方と同額ずつ対にして，勘定元帳に記入する帳簿制度をいう。そして，資産科目，費用科目については，借方に残高を整理し，負債科目，純資産科目，収益科目については，貸方に残高を整理することになっている。たとえば，（借方）費用／（貸方）資産という仕訳を切れば，費用残高は増加し，資産残高は減少するし，（借方）資産／（貸方）収益という仕訳を切れば，資産残高は増加し，収益残高も増加することになる。

　そのため，複式簿記においては，【図表3】のように資産残高＋費用残高＝負債残高＋純資産残高＋収益残高の等式（試算表等式）が常に成り立つこととなるのである。なお，【図表4】のように資産－負債＝純資産（資本等式）になるはずではないかと疑問に思われる方もいると思うが，試算表等式は試算表段階の状態を表しており，その後の決算振替仕訳によって，収益残高と費用残高の差額である利益が純資産に加算されることによって資本等式が成り立つという関係にある。

【図表3】試算表等式

（借方）	（貸方）
資産	負債
	純資産（期首）
	収益
費用	

【図表4】資本等式

（借方）	（貸方）
資産	負債
	純資産（期末）

　複式簿記において試算表等式は常に成り立つため，会計操作による不正は，一定のパターンに帰着することになる。利益を増額する会計操作をしようとすれば，資産と収益を増額するか，資産を増額して費用を減額するか，負債と費用を減額するか，負債を減額して収益を増額するかのいずれかの会計操作が必要となるし，逆に利益を減額する会計操作をしようとすれば，資産と収益を減額するか，資産を減額して費用を増額するか，負債と費用を増額するか，負債を増額して収益を減額するかのいずれかの操作が必要となる。

(2)　不正の類型

　不正の中でも財務報告に関係する不正の類型は，粉飾決算と資産の流用に区分される。不正調査を行う際は，それぞれ不正の類型に当てはめて手口に対する仮説を構築することが必要である。

　粉飾決算は，不正な会計操作を用いて財務諸表に意図的な虚偽表示を行うことであり，計上すべき金額を計上しないこと，または必要な開示を行わないことを含んでいる。

　資産の流用は，会社の資産を窃取したり，会社の資産を会社の意思に反してその管理外において着服したりするものである。資産の流用においても，その隠蔽工作等のために不正な会計操作が行われることがある。

　なお，粉飾決算と資産の流用を比較すると，粉飾決算のほうが経営者等により積極的な不正会計操作が行われることが多く，財務諸表に与える影響額が大きくなることが多い。また，一般的に，資産の流用は，不正関与者にも，犯罪行為であるとの認識があって罪の意識が高いことが多いが，粉飾決算については，目の前に被害者を認識できないことなどから，不正関与者の罪の意識が低いことがある。

(3)　粉飾決算

　粉飾決算は，企業の業績や収益力について財務諸表の利用者を欺くために，経営者等が利益調整を図ることを目的として行われる。これらの行為は，経営者等の業績報酬を最大にしたいという欲求や，市場の期待に応えるというプレッシャーのために行われることがある。また，経営者等は，税金を最小限にするための利益の圧縮，または銀行からの資金調達を確保するための利益の水増しといった動機を持つこともある。なお，粉飾決算は，経営者等による内部統制システムの無効化を伴うことが多く，架空仕訳の入力，記録や証憑書類の偽造や改ざん，意図的な収益費用の計上時期の操作，会計上の不適切な見積り，事実の隠蔽，会計方針の不適切な変更等，経営者等が関与しなければなしえな

いような操作が行われることが多い。

　粉飾決算のための会計操作は，以下のような方法で行われることが多い。

①　収益の架空計上

　収益の架空計上の会計操作には，現金の受渡しを必要としない売掛金が使用される場合が多い。しかし，売掛金は回収されるまで帳簿上に残されるため，いずれ回収不能として償却する必要がある。不可解な売掛金が未回収のまま残っているという状態は架空売上による不正の典型的な兆候である。

　具体的な手口として，循環取引，押し込み販売（翌期の返品を伴う），外部者との共謀や証憑書類等の偽造，改ざんによる架空計上などがある。

●循環取引

　循環取引とは，商品の仕入れ，販売関係にある複数者が結託して行う架空転売取引であり，結託した複数者間で同一商品を循環させるように転売を繰り返し，その間にその転売価格を順次吊り上げて，各社がその転売について売上や利益を計上するものをいう。架空の取引のために商品の輸送コストをかけるのも馬鹿らしいため，通常，商品は外部倉庫に預けられたまま（もしくは全くの架空商品）であり，伝票のみのやりとりで転売行為が繰り返されることになる。しかしながら，これらは架空取引であって終局的に決済されることはなく，債権債務は雪だるま式に増えていくことになる。そして，不自然なまでに膨らんだ債権債務が決済不能となったところで破綻することになるのである。

●押し込み販売

　押し込み販売とは製造業者や卸売業者が，得意先の卸売業者や小売業者が必要としているよりも多い製品または商品を無理に販売して売上実績を上げようとする販売方法である。押し込み販売であっても，売上や売掛金の計上が実態のあるものであれば，特段の問題はない。しかし，期末に押し込み販売をして，翌期初に売上戻りの処理等によって返品を受けることを前提としている場合には，期末の売上や売掛金を過大に計上した不正会計操作に他ならない。また，売上戻りの形式を取らなくても，押し込み販売をした上で，売掛金の回収期間を延ばして支払を相当期間猶予したり，得意先に売掛金弁済のための資金を融資したりして，この売掛金に対する貸倒損失の計上を回避する等の方法による隠蔽工作が行われることもある。

●外部者との共謀や証憑書類等の偽造，改ざんによる架空計上

　循環取引や押し込み販売といった典型的な売上の過大，架空計上の方法以外にも，さまざまな方法による売上や売掛金の架空計上がありうる。外部者との共謀により架空の売上を計上したり，倉庫の入出荷状況に関する虚偽の文書を作成して出荷を偽装したり，架空の発注書，納品書を作成して架空仕入れと架空売上をしたり，証憑書類の偽造や改ざん等の偽装工作を伴う架空売上計上の方法はいくらでもあると考えてよい。

②　収益費用の計上時期の操作，不適切な収益認識

　収益費用の計上時期の操作または不適切な収益認識は，収益や費用を本来計上すべき会計期間から別の会計期間に移し，利益を恣意的に操作する方法である。収益および費用は一会計期間における発生額を集計して損益計算に反映させるため，翌期以降に計上すべき収益を前倒し計上することにより当期の売上を増加させたり，費用の計上時期を翌期に繰り越すことにより費用を減少させたりすることが可能であり，これを利用した利益操作が行われることが多い。

　具体的な手口としては，商品等の所有権が移転する前やサービスの提供が完了する前に，収益を認識する。特に，一定期間のサービス提供を約して当該期間分の売上として受領した金銭について前受収益の認識を行わずに一括で売上計上したり，長期契約に基づく請負工事について工事の進捗度を操作して収益を過大に認識したりして，収益認識を操作することが多く行われる。

③　不適切な資産評価，過大計上

　不適切な資産評価，過大計上は，資産を恣意的に過大評価または架空計上して，経営成績をよく見せたり，財政状態を健全に見せたりする方法である。

　具体的な手口には，実地棚卸時に不正な手段（移送品の二重計上や，預り品の算入）で実地数量を水増ししたり，陳腐化品の過大評価をしたりして棚卸資産の金額を増やす，架空売上等により売掛金を架空計上する，回収不能な不良債権について貸倒処理を行わない，固定資産の減価償却を行わない等の手口がある。

④　負債，費用の隠蔽

　負債，費用の隠蔽は，計上すべき負債，費用を意図的に隠して，経営成績をよく見せたり，財政状態を健全に見せたりする方法である。

　具体的な手口として，負債や費用を計上しない，費用とすべき項目を資産計上する，引当金の計算を意図的に誤るまたは計上しない等の手口がみられる。

⑤　不適切な情報開示

　会計基準は，財務諸表の利用者を誤認させないよう利用者の意思決定に影響を及ぼしうる重要な事項について適切に開示するよう要求しているが，経営者等は，会社にとって好ましくない事象を意図的に隠蔽したり，誤解を招くような開示をしたりすることによって，不適切な情報開示を行うことがある。

　具体的な手口として，会計方針を正当な理由なく変更したり，重要な後発事象を適切に開示しなかったり，関連当事者との不適切な取引や偶発事象を隠蔽したりする等の手口がみられる。

(4)　資産の流用

　資産の流用は，従業員により行われ，比較的少額であることが多い。しかし，資産の流用の隠蔽工作が比較的容易に実施できる立場にある経営者等が関与することもあり，この場合，会計上の影響額も多額となることがある。資産の流用においては，資産の喪失や正当な承認のない担保提供といった事実を隠蔽するために帳簿記録または証憑書類の偽造や改ざんを伴うことも多い。

　資産の流用は，以下のようなさまざまな方法によって行われる可能性がある。

①　現金の窃取

　現金の窃取は，帳簿に記帳される前の現金を着服するスキミングと，すでに帳簿に記帳されている現金を着服するラーセニーに区分される。前者は，会計帳簿上に痕跡が残らないため，会社はその被害に気づきにくく，現金を受領する業務のあらゆる場面で起きる可能性があり，資産の流用の中では最も発生し

やすいものといえる。後者は，会計上の記録が残っているため，隠蔽工作が必要となる。

　現金の窃取で多い手口は，現金売上時に顧客から受け取った現金等を記録に残らないようにして盗むスキミングである。不正関与者は，犯行が発覚しないようにするために，次のような手口を利用することがある。

- **●レジの不正操作**

　レジを操作しているように見せながら，売上計上は行わずに両替ボタンなどを使用してレジを開けて，顧客から受け取った代金を着服する。

- **●営業時間外の営業**

　紙媒体で売上記録を記録，保存しているような場合に，休業日や就業時間外に店を開いて，その間の売上記録を破棄して売上金を着服する。

- **●店舗外の売上**

　管理者等の監視の目が届かないところで記録や帳簿を改ざんした上で，会社の管理外で現金売上を受領できる状況を作り出し，それを着服する。たとえば，不動産の賃貸を希望する顧客に管理台帳には記録せずに賃貸して，毎月の賃料を着服する行為等がある。

- **●内部統制システムの不備の利用**

　会社において，担当者が判別できないような手続が行われている場合，これを利用して受領した代金を着服する。

- **●売上金額の過少申告，虚偽の値引き**

　売上を実際よりも少ない金額で記録して差額を着服する。虚偽の品目，数量の減数，虚偽の割引などの方法で行われる。

---

②　売掛金回収代金の窃取

　債権回収担当者等が回収した現金，小切手等を着服する方法である。小切手の着服の場合は，自己の口座で換金して，一部を着服して差額を会社に振り込む場合もある。売掛金は帳簿上に記録されており，着服する金額も多額となる傾向があるため，次のような隠蔽工作等を伴って行われることがある。

- **勘定の強制突合**

  帳簿上，盗んだ回収金を入金されたことにしたり，別の支払に充てたことにしたりする架空の帳簿操作を行う。

- **取引記録の破棄**

  自分が着服したことを特定できる取引記録を破棄して犯人を特定できないようにする。

- **ラッピング**

  翌日以降の別の顧客からの売掛金入金を，自分が着服した売掛金入金に流用する。これを繰り返してスキミングが発覚しないようにする。

- **顧客宛ての通知書の窃取**

  顧客からの問い合わせによる発覚を防ぐために，顧客宛ての残高明細書や督促状を抜き取ったり住所を変更したりして到達しないようにする。

- **虚偽の帳簿操作**

  着服した回収金に相当する売掛金を費用勘定や長期滞留債権，架空取引先の売掛金，売上割引，値引き，貸倒引当金等の勘定に計上して消去する。

- **棚卸資産の水増し**

  売上代金のスキミングは，商品の実地棚卸で明らかになる場合があるため，実地棚卸票の改ざんやすり替えにより棚卸資産の水増しを行う。

- **未達勘定の悪用**

  回収金のスキミングにより不足する預金残高について，他店小切手入金等の未達預金勘定を使用して勘定残高の不一致を隠蔽する。

③ 不正支出による流用

　不正支出による流用は，不正な目的のために会社の預金を支出させて着服する方法である。次のような手口によって不正支出が行われることがある。

- **返品，取消を利用した不正支出**

  顧客からの返品が行われていないにもかかわらず，虚偽の返品処理を行い，支出した現金等を着服する手口である。または，顧客に対する売上処理を不正に取り消して，当該売上代金を着服する。顧客に渡さずに手許に残したレシートや顧客が受け取らなかったレシートを利用する。

● 小切手の改ざん

　小切手を自ら不正に作成して着服する。または，第三者宛てに発行された小切手を横領して着服する。

● 架空会社による架空請求

　架空会社から虚偽の請求書を発行し，架空会社に支払われた代金を着服する。請求の根拠を必要とする場合は，それを偽造する。部下に命じて作成させる場合もある。架空の請求の大半はサービスの購入を通じて行われる。サービスには形がないため，サービスが提供されたかどうかを会社が確認することが困難であり，また，棚卸資産などの資産に計上されることもないため，不正を隠蔽できる可能性が高まるからである。

● 架空会社を介在させた水増し請求

　会社が必要とする材料等の調達に架空会社を介在させ，水増しした価格で販売する。この手口はパススルー・スキームと呼ばれ，購買担当者により行われることが多い。

● 購入先への過払いを利用した着服

　購入先に対する過払い，二重払いをしたり，支払先を誤ったり，商品を過剰に購入して返品したりして，購入先等から返金を受ける状況を作出し，購入先に連絡して返金を要求してこれを着服する。この手口は，ペイ・アンド・リターン・スキームと呼ばれる。

● 会社資金による私的購入

　会社の支払で私的な商品やサービスを購入する。購入した商品を返品して現金を得る場合もある。この種の不正の実行者は，購買の承認責任者であることが多い。内部統制システムが不十分な状況では，責任者は他人の干渉を受けることなく不正を行うことができる。統制手続が存在していても，上司と部下の間に強い上下関係がある場合には，指示，命令，強要などを通じて統制手続が無効化される場合がある。

● 架空給与の不正支出

　存在しない従業員を勤務していることにして支払われた給与を得る。架空の人物である場合も実在の人物である場合もあるが，いずれも勤務実態はない。実在の人物の場合，不正関与者の家族や友人が利用されることが多い。また，退職者を退職していないことにする場合もある。

● 経費の使途偽装による不正支出

　経費の使途偽装は，私的な目的の支払を業務に関連すると偽り，精算する手口

である。私的な旅行を出張としたり，友人との会食を取引先との打ち合わせとしたりする。出張旅費精算書や立替払請求書などの経費精算書に個人的な出費の領収証を添付して業務関連のものとする場合もあれば，業務関連経費精算用のクレジットカードを私的な用途に使用する場合もある。

●経費の水増し精算

立替経費等の水増し精算は，領収証等の証憑の金額を書き換えるなどして，実際の支払額よりも過大に請求する手口である。航空券の早割などの割引を利用して購入し，それとは別に通常の価格で購入しキャンセルした航空券の領収証を添付して，その差額を着服する手口などもある。

●架空経費の精算

架空経費の精算は，領収証そのものを偽造する手口である。証憑として，自ら偽造したそれらしい領収証を添付する場合，どこからか入手した白地の領収証を使用する場合，友人や知人の勤務先等から提供してもらう場合等がある。派生的なものとして，他人が支払った領収証を譲り受けて，それを自分が支払ったものとして請求する手口もある。

●多重精算

多重精算は，1回の経費支払に対して，複数回の請求を行う手口である。証憑の添付を義務づけていない場合やコピーの添付を許容している場合に発生する。

④　商品その他の資産の窃取

商品，その他の資産の窃取は，会社の商品その他の資産を，会社の意思に反して，自らの占有下に置き，これを換金して着服する方法である。次のような手口が利用されることがある。

●窃盗

　倉庫に保管されている商品等の会社の所有物を単純に盗む手口である。他の不正では隠蔽工作が行われることがあるが，この手口では単純に窃盗が行われるだけで隠蔽工作が行われることは少ない。実地棚卸などで原因不明の棚卸差異として処理されることを狙う。従業員が不正な目的で会社の資産を持ち運びをしていても，他の従業員がそれを察するのは難しい。ほとんどの場合，正当な理由があって持ち運んでいるものと思い込む。また，そのような不正に気づいていたりおかしいと感じていたりしても，相手が強い権限を持っていると，自分の置かれている立場などから見逃す場合もある。

●虚偽の販売

　虚偽の販売は，顧客を装う者と販売を装う者が共謀して商品等を盗む手口である。顧客を装う者が商品を普通に購入するように会計に向かい，販売を装う者がレジに打ち込まずにそのまま商品を手渡すという偽装工作が行われる。

●虚偽の払出し

　虚偽の理由で払い出した会社の資産を着服する手口である。架空売上を装う場合もあれば，預け在庫やサンプル出荷を装う場合，陳腐化等による除却を装う場合もある。

●購買および受領スキーム

　購買および受領スキームは，会社が購入した商品を横領する手口である。購入した品物を受領する際に，自分が横領する分を減らして記録する。しかし，これでは相手先の納入数量と購買側の受領数量が異なるため，支払時に発覚するおそれがある。そのため，検収時には正しい数量を記録して，在庫としては横領分を差し引いた数量のみを計上する手口もある。この場合は，数量の差異について，品質不良等で除却するなどして隠蔽工作を行う。

7 仮説の検証

(1)　調査手続

　調査担当者は，不正に対する仮説を構築した後に当該仮説の当否を判断するための検証手続を実施することになる。調査担当者は，仮説の検証において，不正の手口を解明することが必要となる。それと同時に，不正の容疑を裏づけるための十分な客観証拠を入手しなければならない。

　仮説検証のための調査手続としては，通常の会計監査技術が応用可能である。その場合，構築した仮説における不正の手口に鑑みて，有効な検証手続を実施することに留意が必要である。たとえば，現物実査や実地棚卸は，資産の実在性に対する証明力の高い証拠を入手することができるが，相手先への預け在庫を売上処理することで循環取引を行っている場合に，自社倉庫の実地棚卸は有効な検証手続となりえない。また，確認は，実施時期および範囲が適切である場合には，取引や残高の実在性等の証明力の高い外部証拠を入手する手続となるが，回答者が不正の共謀者であるときには，有効な検証手続とはなりえない。

　仮説の検証のための重要な調査手続として，これまでに説明した調査手続に加えて以下の調査手続がある。

①　書類の査閲と証憑突合

　書類の査閲は，不正調査の最も基本的な手続であり，会計帳簿，会計伝票，証憑類，稟議書，契約書等の記録を，特定の類型ごとに分類して，そのひとかたまりを，注意深く確認していくことにより，それらの記録に含まれる異常性や不規則性を発見する技術である。

　書類の査閲は，単に書類の内容を確認するだけでなく，調査対象とする情報と証憑書類との突合により，情報および証憑書類の真実性，正確性，網羅性の検討もあわせて行う必要がある。

　情報と証憑書類との突合においては，単に金額や日付の一致を確認するだけ

でなく，金額の異常性や連続性，稟議や承認印等による承認の有無，他の関連証憑との対応関係等を吟味し，情報を裏づけるに足る信頼性を有するものであるかを確認することも必要である。

　さらに，情報と証憑書類との突合においては，証憑書類の偽造改ざんを予定して，証憑書類自体の真偽の検証を含めて実施されなければならない。そのため，情報との突合だけでなく，証憑書類の保管状況や他の証憑書類との様式や形状の相違の有無，その他の状況についても注意を払う必要がある。特に，筆跡，使用されたインク，書類のフォーマット，紙質，複写の有無，作成時期等が偽造を検討する手がかりとなりうる。

　また，特定の目的のために書類の閲覧をする場合においても，特定の情報と直接的に対応する証憑書類の突合のみにとどめず，さらに次のような手続も検討してみる必要がある。

- 同一相手先の前月，当月，翌月の取引等の時間的経過に関連を持つ証憑の状況
- その取引に派生して発生する取引に関連する証憑の状況
- 誰が，いつ，どこで，なぜ，何を，何を利用して，どのような方法で，いかなる目的で，いかなる利得を得たか，というような事項を念頭に置いたときに関連するとみられる関与者のその後の活動状況
- 関連する外部者への照会，確認，問い合わせ

　なお，不正調査においては，会計上の証憑書類に限らず，不正の手口に関する仮説を裏づけるため，不正の手口に関連する書類（個人のメモ等）や情報（電子メール，アクセスログ等）の閲覧が必要となる場合もある。

②　不正関与者に対するインタビュー

　インタビューは，情報の収集の手段として有用な手続であるのみならず，仮説の検証手続において，仮説を裏づける供述を得るための調査手続としても有効である。

　不正関与者へのインタビューにおいては，裁判に発展した際，不正関与者が

発言を翻したり，圧迫的なインタビューの実施や発言の強要があった等の主張がなされたりしないよう供述の任意性や信頼性を確保することが重要となる。そのため，インタビューを実施する際には，質問者の人数，実施する場所，時間帯，時間の長短，質問内容，質問の態様や口調等に注意を払う必要がある。

　さらに，不正関与者に対するインタビューの内容については，適時に文書化し，不正関与者に内容を読み聞かせ，不正関与者から確認のサインを得る等の手続をあわせて行うことで証拠化しておくこともある。

　調査担当者は，不正関与者へのインタビューにおいて，不正の手口の詳細な過程，犯行の動機，共犯者の有無，不正によって得た利得の内容等を確認する必要がある。通常，最初の不正の実行から時系列に沿って事実の確認を行い，不正関与者が自主的に供述した内容を記録していくことが望ましいが，不正関与者が自主的に供述しない場合には，誘導尋問による供述の誘導や物的証拠を提示して自白を求めることも必要となる。したがって，不正関与者が言い逃れできないように事前に十分な情報と客観的証拠が確保されていることが必要となる。

　自白は，多くの場合，不正関与者の罪悪感等によって引き起こされる行動である。不正関与者は，罪悪感，良心の呵責，嘘を貫き続けるストレスといった心理的負担と言い逃れできる可能性とを比較衡量して自白に至る。罪悪感等がない場合や言い逃れできる自信のある不正関与者は，自白をする可能性が低く，自白をしたとしても，調査担当者がすでに知っていると考えられる範囲でのみ自白をする可能性が高い。そのため，自白に導くためには，言い逃れできる可能性がないと思わせるか，自白による不利益が思ったよりも小さいと思わせる必要がある。

　なお，自白は任意に行われる必要がある。脅迫や長期の取調べで自白を強要してはならない。また，利益誘導や虚偽の事実を述べて自白を引き出すことも供述の任意性を失わせ，証拠価値に影響を与える行為であることを認識しておく必要がある。

③　反面調査

　反面調査とは，調査対象者の取引先を対象として調査を実施することである。

調査担当者は，不正関与者に対するインタビュー，電子メールの閲覧，関連する文書の閲覧等によって不正が行われた事実の認定が不可能な場合には，当該調査手続を採用することを検討することになる。

　反面調査を実施するにあたっては，依頼者および調査対象者ならびに反面調査先の同意を得る必要がある。また，反面調査は，問題になっている事象に調査範囲を限定する必要があることに留意する必要がある。

(2)　事実認定

　調査担当者は，さまざまな調査手続から得た証拠に基づき事実認定を行うことになる。事実認定は，公知の事実等を除き，原則として証拠に基づいて行う必要があり，単なる推論ではなく，経験則や論理法則に則って行う必要がある。

　事実認定においては，まず，公知の事実や客観的に発生した事実など調査担当者の判断が入る余地のない事実など，客観的に動かしがたい事実を確定する。その上で，各証拠の性質，証明力，整合性等を勘案しながら，要件事実の証明を積み上げていくことになる。

　ただし，不正調査においては，必ずしも民事訴訟等で必要となる厳格な事実認定が必要なわけではない。不正調査の目的，時間的制約，証拠入手の困難性等を考慮して，合理的な仮定に基づき会計上の計数等を推計することや疑いの程度を明示するにとどめることもできる場合がある。このとき，推計の方法や推計の前提事実等については，調査結果の報告を行う際に，報告書に記載しなければならない。

8　勘定科目ごとの調査における留意点等

　調査手続における留意点は種々ありうるが，以下では不正が生じやすい勘定科目ごとに，それぞれの調査時における留意点等について説明する。

(1) 現 金

① 不正の傾向

　現金に関する不正事例としては，現金の窃取，横領や不正支出等による資産の流用が多い。現金を意識的に架空計上する例は少なく，役職員による資産の流用の結果，架空資産が計上されることになる例が多い。通常その金額は小さいが，犯行が積み重なることにより多額に上ることもある。現金に関する不正行為は，経営者等の会社幹部の多くが財務に関して関心を持たざるをえない業績不良会社で発生することはむしろ少なく，ごく少数の者以外自社の財務に関心を持たないような財務安全性が高く業績優良な会社で，被害金額が多額のものが多く発生する傾向がある。

　現金に関する不正の手口としては，手許現金を費消した後に，費用の振替計上や計算誤謬で適時に現金残高を調整したり，簿外処理で裏金をプールして調整したり，個人資金や銀行から引き出した資金を一時的に不足額に充当したりして，現金実査時の発覚を免れるということが行われる。社内各部門に現金が散在する企業においては，現金実査の実施時刻のズレを利用して現金を移動させ，不足額に充当して不正行為を隠蔽する場合もある。その他，外注先と共謀して水増し請求をさせて現金で支払を行った上，外注先に水増し分を領得させ，自己に還流させる手口が使われることがある。

② 調査における留意点等

　現金の調査における留意点等は，以下のとおりである。

　現金出納帳が作成されていなかったり，現金実査が毎日行われていなかったりする場合に，これを奇貨として現金着服が行われることがあるため，現金出納の記録が作成されているか，作成された書類に異常がないかについて留意する必要がある。また，現金出納帳上において入金元や支出の内容が確認できるように帳簿が整備，運用されていない場合も，同様に不正の温床となりやすいため，詳細な調査を行うことが必要である。

　現金の調査においては，現金出納帳等から日々の現金残高と支出額を調査し，また，事業所における出納取引の態様，必要手許現金残高を担当者等に質問して，その事業所における必要手許現金残高を推定した上で，現金出納帳等において必要手許現金残高を超える過大残高が続く期間がないかを確認する。企業には必要のない現金を手許に置いておきたくないというインセンティブが働くため，預金からまとまった現金が引き出されて手許現金とされる場合には，近接した時期に支払予定があるはずである。それにもかかわらず，多額の現金が保管されたままとされている場合には，何らかの事情が潜んでいる可能性がある。そのため，過大残高を示す箇所があれば，さらなる調査を実施する必要がある。

　出納係は毎日現金出納を締めた後，金庫内の現金を勘定して金種別一覧表を作成し，現金出納帳の記帳残高との一致を確かめ，出納管理者の承認を受けるのが通常である。この金種別一覧表を閲覧して，過大残高の原因が先日付小切手やその他の金券類によるものかどうかを調査する必要がある。現金の内訳にすでに期日が到来した小切手，郵便為替等が含まれていれば，それらを銀行に預入れしない理由を調査する。そのようなものが現金に混入していることそのものが，その事業所の性格から考えて異常であるときは，小切手等の受入れの事情と会計帳簿上の入金記帳との一致を日付の合理性に注意して調査する。現金不足を隠蔽するために，悪質な業者から格安で購入した小切手を混入することも考えられる。

　現金は預金から引き出されて支払に充てられるのが通常である。小口現金に預金以外からの入金があった場合には，その入金元，入金の経緯について調査し，簿外現金等からの繰入れの可能性等について検討する必要がある。

　過大残高となっている期間中に，預金の引出しによる現金の補充，会社関係者からの借入れ，仮受金，預り金等による現金入金がないかを調査する。これらの取引から数日間の支出記録を確認して，これらの現金補充等を要したかどうかを検討する必要がある。現金出納記録には残高が十分にあるにもかかわらず，預金の引出し等が行われている場合に，現金出納帳に記録されている残高が実際には支払に利用できないものである場合や架空残高である場合がある。

　過大残高となっている期間があり，その期間中に現金残高が記載されていな

い箇所があれば，少なくともその部分については計算調べをしておくべきである。このような箇所は不正の事実を隠そうと，計算誤りを装って残高を調整することがあるからである。

　過大残高が解消されている日の直前数日間の取引を閲覧し，過大となっている金額に見合う支払記録（複数回の合計が見合う場合もある）があれば，領収証，請求書，納品書，旅費精算書，出勤出張記録等の証憑を，その日付，宛名，筆跡に特に注意して，帳簿記録と突き合わせる。これらの取引には，不正による現金不足を架空取引で整理するためのものが含まれている可能性がある。なお，このとき，次のようなものがあれば，場合によっては証憑の偽造や改ざんを疑い，外部への照会または調査をする必要がある。

- ●外部の領収証が当然あるべきものについて，他の証憑書類等で代用されているもの
- ●請求書が添付されるべき取引なのに請求書が添付されておらず，市販の領収証用紙等が利用されているもの
- ●他の事業所の付替えがされているもの（本支店間の付替え等を利用して証憑書類の所在をわからなくする隠蔽工作が行われることがある）

　現金実査日の直前の出納取引は，特に精査に近い調査が必要である。実査日前，数日間の従業員等に対する貸付けや仮払い，不明先からの入金，事業所間の付替え記録には特に注意が必要である。現金残高の不足を埋める仮装工作として，このような処理をすることが多いためである。稟議等の取引承認の有無，正当な領収証等の証憑書類の有無，証憑書類の筆跡等に注意するほか，本人や取引相手方にもその事情を質問する必要がある。

　過大残高の原因が，簿外の貸付けや仮払いであることが判明したときは，これらに関する記録を閲覧し，相手先，支出日，回収日，金額等を把握し，それ以外の理由による過大残高がないかを調査する。この場合には，過大残高となっている期間中に貸出等の残高よりも現金残高が少なくなる日がないかを調査する。簿外で管理している現金等を利用して支払に充てていることがわかる

 こともあるからである。

(2)　預　金

①　不正の傾向

　預金に関する不正事例としては，現金と同様に横領等による資産の流用が多い。預金取引は，会計帳簿や銀行の取引記録に取引が記録されるため，不正の発覚を防止するために銀行関係証憑書類等の偽造や改ざんを伴うことが多い。預金の費消による不足額を当座預金の当座勘定調整項目に含め，当該調整項目を他行小切手入金の未達取引[5]等を利用して操作したり，当座勘定照合表や銀行残高証明書の偽造や改ざんが行われたりする。銀行手続中である等を理由にして通帳や証書を提出せず，偽造や改ざんした残高証明書等の写しを提出するなどの手口もある。また，決算期の異なる関係会社等から資金を融通して期末日の残高のみ一致させるという手口も行われる。

②　調査における留意点

　預金の調査における留意点は，以下のとおりである。

　会社の規模に比べて，不必要と思われる資金移動取引，口座振替取引に着目する。特に資金移動等の日付と預金残高に注意しながら調査をすると，会社の資金繰りの概要を把握することができるほか，カイティング[6]（他店小切手入金等の操作）により預金不足の隠蔽を図っている事実をつかむことがある。

　期末日近くに不自然な資金移動がなされていたり，当座勘定照合表や銀行残高証明書の原本がなく不鮮明な写ししか残っていなかったりする場合は，特に注意が必要である。預金不足の隠蔽工作が行われている可能性がある。

　回収担当者からの振込入金に着目する。得意先からの債権回収代金として，

5　他銀行小切手を預入れした場合に，小切手残高の引落しが翌日となる点を利用し，預金残高の不足を表面上埋め合わせることができる。

6　入金と引き落としの記帳時間の差を利用し，預金残高を水増しする行為である。銀行勘定調整表や小切手取引の検証等により発見，防止することができる。

現金または小切手を受け取った場合に，回収担当者が，その全部または一部を着服することがある。回収金が現金または一覧払の小切手の場合，この流用が容易に実行できることは明らかであるが，線引小切手であったとしても，個人の普通預金口座等で取り立てて換金することが可能である。一般に，不正関与者は回収資金の一部のみを費消して残額を会社に入金し，これを何回も繰り返した後に機会を見て，費消した額を返品，値引き，貸倒処理等の方法で穴埋めすることが多い。この着服後の残金の送金には銀行振込が利用される。ラッピング[7]による隠蔽工作の初歩段階では，債権回収業務の過程で生じる盗難等の危険を防止するための中途送金を装い，残金を不正関与者名義で，数社分の回収金に含めて会社宛てに送金し，帰社後に一括送金した金額の入金先別整理を行う方法をとることが多い。

　一部入金の開始，入金日のズレに着目する。ラッピングによる隠蔽工作が高度化すると，送金者名義を不正関与者名義とはせず，債権回収先名義とする[8]ことも行われる。この場合，債権回収先の通常の取引銀行から送金すれば，会社の帳簿上は，一部入金の開始，入金日のズレ以外に疑問を持つ余地がない取引となる。売掛金元帳上の記録に，これらの兆候があれば，得意先の資金繰りの悪化のほか，一部入金となった事情について，債権回収担当者を通さずに，相手方の経理担当者に直接問い合わせをする必要がある。

　納品書，請求書，銀行振込依頼書等を領収証の代用とすることを許容している場合，後日入手した正式な領収証を利用して二重払いさせて着服する不正が発生する可能性があるため注意が必要である。また，領収証の原本がある場合でも，市販の領収証用紙に三文判を押印してある程度のものは容易に偽造でき，また，印刷された領収証用紙も同様に偽造のおそれがあるため注意が必要である。

7　横領等した代金の埋め合わせをするため，別口座の代金を充当する行為である。横領等を隠蔽するために最も使用される行為であり，不正発覚または貸倒処理等がされるまで継続される。

8　最近はマネーロンダリングの防止の観点から本人確認が徹底されており，窓口で多額の他人名義の振込送金を行うことは困難であるが，インターネットバンキング等を利用することにより他人名義の送金を行うことは可能である。

(3)　受取手形

①　不正の傾向

　受取手形は容易に換金可能であり，横領の対象となりやすい勘定科目である。受取手形を換金して費消または簿外の担保に差し入れてしまった後に，悪質業者から格安で購入した手形や偽造手形に置き換えたり，期末日の翌日以降に入手した手形を期末日以前に入手した手形中に混入させたり，銀行取立中等で持ち出し中であるとの虚偽の説明をして不足額をごまかすなどの手口が行われる。また，実態は不良債権なのに貸倒処理等を行わずに粉飾することや，通常取引以外（金融取引や固定資産売買取引によるもの等）の受取手形を通常の営業取引による受取手形勘定に混入すること等による会計操作も行われる。

②　調査における留意点

　受取手形の調査における留意点は，以下のとおりである。

　手形の受入先が，調査対象会社の業務内容から考えて，通常は取引がない業種のものに着眼する。また，調査対象会社の経営者等が役員を兼務している会社等，調査対象会社と身近な関係を持つ会社から受け入れた多額の手形に着目する。これらの手形には，固定資産や有価証券等の代金回収手形，融通手形，その他の特殊取引に基づくものが含まれていることが多い。売掛金明細表上の債権残高，月次取引高と比較して手形残高の合理性，通常性を調査するほか，必要に応じて売掛金元帳の当該口座の入金記録と対比照合する必要がある。また，役員等に直接その手形の性格について質問するのも1つの方法である。

　通常の手形期間に比べて著しく長期のサイトの手形に着目する。振出日から満期日までの期間が長く，従来からの支払条件に対応する期日と異なる手形は不渡りの危険性が高く，融通手形であることもある。また，長期とする代わりに利息を受け入れていることもありうるため，利息の有無，入金記録の有無をあわせて調査する必要がある。

　振出日の記載されていない手形に着目する。振出日が記載されていない手形

の中には，資金繰り悪化のために著しく長期間の手形を振り出すが，期間が長すぎる手形は銀行が割引を許容しないことがあるので，意図的に振出日を記載していない場合がある。そのため，不渡りとなる危険がある。

　手形期日と振出日が連続し，手形金額も同額または利息程度の額しか異ならないものに着目する。これが手形の書き換えによるものであれば，書き換えの理由，不渡りの可能性，利息等の収納の有無，承認の有無等を調査する必要がある。

　同一相手，同一金額の手形に着目する。これにより，融通手形，不良債権，分割回収への切替え手形を発見することがある。

　多額の手形を常時受け入れている相手先の手形については，受入日ごとの手形期間が一定しているか，回収方法に変更がないかどうかに着目する。手形期間の変化は，単純な取引契約内容の変更によることもあるが，振出先の資金繰りの悪化が関係していることが多い。手形期間の長期化だけでなく，その短期化も，不渡りの兆候に当たることがある。また，そのような手形の受入れは特殊な取引に基づくものである可能性がある。

　手形の受入日に近接する時期について，支払手形，仮受金，前受金，預り金，買掛金，未払金，引当金勘定の借方記入と手形受入記録との対応を調査し，受取手形と同時に仕訳された可能性のあるものに着目する。同一相手先，同一金額の記録があれば，融通手形の可能性を疑って調査を進める必要がある。

　手形記入帳，受取手形補助元帳の摘要が異常なもの，満期日および決済日に回収されていないもの，期日経過後の処理が異常なもの等に着目する。不渡り記録があれば，手形債権保全の手続がただちにとられたか，必要な承認手続等がなされているかを確認する。貸倒れがあれば，貸倒処理の承認，処理方法，その合理性等を調査する。相殺があれば，相殺理由を調査した上で相殺の相手勘定を追跡する必要がある。手形入手後の相殺取引は，相手方の信用不安による債権保全，その他の特殊な事情に基づくものが多い。

　利息加算と想定される端数金額がある手形に着目する。端数金額がある手形については端数の計算根拠，計算内容，端数金額の根拠となる契約文書を調査する必要がある。書き換え手形や特殊取引に基づく手形が発見されることがある。

　手形割引については，割引先が通常取引のない銀行，預金がない銀行のもの，ノンバンク等で割り引かれているもの等に着目する。簿外預金の存在や会社の資金繰り状況の悪化を知ることがある。

(4)　売掛金

①　不正の傾向

　売掛金は，売上高の相手科目として仕訳計上される科目であり，売上高や売上総利益に直結する上，計上時点において資金移動を伴わないため，粉飾決算に利用されることが多い。経営者にとっては，経常利益よりも営業利益を，営業利益よりも売上総利益を良好に見せることが，本業で儲かっている会社であるということを債権者や投資家に知らしめることができる。そのため，売上を架空計上したり，仕入を除外したりすることは，粉飾決算のために行う手段として最も典型的かつ効果的なものとなる。

　売上や売掛金の不正操作に用いられる取引の類型としては，循環取引，押し込み販売，期ずれ計上，架空計上等がある。また，売上債権の回収資金を着服する等の資産の流用が行われることもある。

②　調査における留意点

　売掛金の調査における留意点は，以下のとおりである。

　複数期間の回転期間を比較して異常な変化を見せる相手先の口座に着目する。循環取引や架空売上が存在する場合，回収金着服による架空債権が存在する場合，回収不能または困難な場合，請求漏れがある場合等が考えられるので詳細な調査を行う必要がある。

　取引額が著しく拡大する傾向にある口座に着目する。このような相手先との間に循環取引や架空売上が存在する場合がある。出荷記録や翌期以降の入金状況に不審点がないかを確認するとともに，担当者等に取引増加の要因を質問し不審な点がないかを確認する。また，調査対象会社の事業内容，業界の環境や慣行等から当該口座の相手先との取引が増加することに不自然な点がないかを

検討する必要がある。

　調査対象会社の業務内容から考えて通常は取引がない相手先の口座に着眼する。また，調査対象会社の経営者等が役員を兼務している会社等，調査対象会社と身近な関係を持つ会社の口座に着目する。循環取引や架空売上が存在する場合があるので詳細な調査を行う必要がある。

　期末日近くに多額の取引が発生している口座に着目する。押し込み販売，期ずれ計上，架空売上が存在する場合の典型的な兆候である。このような口座については，出荷記録の日付や翌期以降の入金状況に不審な点がないかを確認するとともに，翌期以降に多額の売上の取消し，返品，値引きが行われていないか等を調査する必要がある。

　売上計上の取引量は極めて大量となることが多いため，取引量の少ない入金記録や月末残高に着目することが疑わしい口座を抽出するために有効である。次のような特徴を示す口座は，いずれも押し込み販売が存在する場合，架空売上が計上されている場合，回収金着服による架空債権が存在する場合，回収不能または困難な場合，請求漏れがある場合等が考えられるので詳細な調査を行う必要がある。

- ●最近の売上債権が回収されているのに過去に計上された債権が残留している口座
- ●通常の回収予定期間に，通常の売上額以上の売掛金が計上される口座
- ●売掛金残高が漸増する傾向にある口座

　全く動きのない口座に着目する。繰越残高以外に取引の記録がないか，異常に少ない口座は通常の不良債権である可能性もあるが，誤謬を装って横領済みの債権を不良債権口座に振替加算して貸倒処理を狙う場合がある。なお，調査終了後に，横領済みの債権を元の債権口座に戻す操作が行われることもある。

　ある時までは正常に請求額の全額が入金されていたのに，突然一部入金が始まった口座に着目する。また，常に一部入金しかされていなかったのに突然全額が入金されるようになった口座，特に，内部監査等のあった月の直前，直後

にそのような変化があった口座に着目する。一部入金の開始は，相手先の資金事情の悪化の他に，債権回収金の横領や着服の事実を示す場合もある。また，一部入金の後に全額が精算されて入金された事実には，横領着服金の整理のための処理が関係していることがある。したがって，変化が現れた前後の取引に着目して調査をする必要がある。

　入金日が毎月一定していない口座に着目する。通常，請求書は，取引先ごとに，毎月一定の日を締切日として作成され，一定の日に発送または持参される。したがって，同一得意先については回収日も毎月一定の時期となり，事故等がない限り回収日が大きく変化することはない。入金日が毎月の標準日から1週間以上前後して変動するときは，回収担当者が横領着服金の穴埋めをするのに，従来の集金日の回収金のみでは不足するようになったため，他の集金日の回収金も利用して隠蔽工作をしていることがある。

　入金の金種（現金入金，小切手入金，振込入金，先日付小切手入金，手形入金，相殺入金等の種別）が変化した口座に着目する。入金金種に変化がみられる場合，現金，小切手，振込入金が先日付小切手や手形入金等に変わったり，回収手形の手形サイトが長期化したりすれば，当然，相手方の資金繰りの悪化を予想しなければならない。さらに，単名手形による回収が裏書手形による回収に変化した場合も，相手先に信用不安が生じている可能性がある。また，支払条件の緩和がなされている場合は，回収担当者へのバックリベートの存在や利息収納の有無を検討する必要がある。

　入金の金種が毎月変化する口座に着目する。このような口座では，ラッピングによる隠蔽工作が行われている可能性がある。特に，横領着服金が巨額となり，横領した額を他の相手先からの同一金種の回収金で埋め合わせることができなくなると，他の金種による回収金を利用せざるをえなくなり金種の変化として現れてくる。また，不正関与者が小切手で債権を回収し，これを個人の預金口座で取り立てて換金し，一部を着服し，一部を集金の途上での送金を装って会社へ銀行振込する手口においても金種の変化が生じることになる。

　同一品種の売上単価が他口座の他の相手先取引の記録または従来の取引に比べて異常に高かったり，低かったりする取引を示す口座に着目する。売上単価は，得意先の購入量，回収サイト，財務安全度，信頼度，将来性等により，販

売先ごとに異なる単価が適用されることはあるが，同一得意先について単価が変化することは，特売や滞留品の処分等による場合はともかく，通常はありえないことである。したがって，販売単価の値下げによる販売取引があり，その値下げに合理的な理由がないと判断される場合は，横領や着服による回収不能金の整理を目的とした仮装取引を想定する必要がある。

　値引き，割戻し，返品等の取引件数，金額の多い口座に着目する。どの会社においても返品を減らすことは販売政策上の重要な項目であり，返品の受入れは，それを受け入れざるをえない合理的な事情がある場合に限られるのが通常である。返品件数が異常に多いときは，無理な押し込み販売が存在する可能性を疑うべきである。値引き取引は返品受入れを防止する目的で行われることもあるが，多くは売上代金の端数切捨て処理によるものであるのが一般的である。したがって，端数金額カットによる値引き取引以外の販売価格変更を理由とするものが異常に多いときは，横領や着服による回収不能債権の整理のための処理が混入している可能性があるため詳細な調査が必要である。

　リベートや値引き等の支出率が他の相手先と異なる口座に着目する。リベートの支出率は，一定期間内の売上金額や回収金額について累進率を適用するのが通常である。したがって，相手先ごとにまたはリベートの計算期間ごとに，支出率が異なることはありうるが，リベートの支出率は，相手先との一定期間内の売上金額，取引条件，信頼性等を基準に決定されるものであるから，特殊な事情がない限り，同一相手先のリベート支出率は毎回ほぼ一定となり，得意先間の比較でも，リベート支出率は売上金額等の条件ごとに一定の範囲内に収まる水準となる。そこで，リベート支出率に異常が見られる場合には，値引き取引の場合と同様にリベート支出を仮装した不正取引の存在を疑う必要がある。

　マイナス残高の口座に着目する。売掛金残高がマイナスとなっている口座については，そのようになった理由を調査する必要がある。多額のマイナス残高が手形等の回収後の返品によるものであれば，押し込み販売等によるものである可能性があるから，その売上時の事情を調査する必要がある。

　概算計上取引がある場合には，その計算根拠の合理性について十分な検討を行う必要がある。予算計画額や会社にとって望ましい金額を計上して，不正な会計操作が行われている可能性がある。

(5)　棚卸資産

①　不正の傾向

　棚卸資産は，粉飾決算に最も利用されやすい勘定科目の1つである。売上原価は基本的に，期首棚卸高＋当期仕入高（当期総製造費用）－期末棚卸高として計算されるため，期末の棚卸資産を増額すれば，売上原価の金額が減少し，売上総利益を増加させることができる。また，棚卸資産勘定はそれなりの金額規模を有していることが多く，不正な会計操作によって十分な効果を得ようとする場合にも利用可能だからである。

　また，棚卸資産については，不正な払出しによる着服等の資産の流用が行われることもある。

②　調査における留意点等

　棚卸資産の調査における留意点等として，以下の事項が挙げられる。

　複数期間の回転期間を比較して回転期間が伸長している品目に着目する。架空在庫や不良在庫が含まれている可能性がある。また，調査対象会社の事業内容，業界慣習等を考慮した場合に，棚卸資産全体の回転期間やその変化に異常が見られる場合には，不正な会計操作が行われている場合もあるため，その理由や原因について詳細に調査する必要がある。

　棚卸資産の受払元帳等を閲覧し，その資産の通常の回転期間を超えて動きのない資産に着目する。このように動きのない資産は，不良品，陳腐化品であることが多いが，過去に計上された架空資産である場合もある。さらに，その口座の受入日を見て，比較的新しいものである場合は，不良品を良品として受け入れた事実の有無，架空資産計上の有無を注意して調査すべきである。

　日常的に使用しない品目の多額の取引に着目する。臨時的な購入品の取引は架空取引や特殊な事情を持つ取引が多いので注意が必要である。また，購入時期が生産や販売の時期から見て不自然な取引にも着目する必要がある。残高が多額となっている項目については，受払元帳等の受入日付を従前の記録と比較

し，多額の仕入時期が従前と異なっているもの，購入品目が変化したものに着目する。出荷による払出し，製造工程間の払出しについても，生産計画や製造日報等を閲覧し，その払出時期や払出数量に異常があるものに着目する必要がある。いずれも，架空取引計上や在庫不足を隠蔽するための操作が存在する可能性がある。

　調査においては，購入支払の関係のほか，現物の動きを最終工程まで追跡する必要がある。特に払出取引については，商品，製品については運送に関する外部証憑があることが多いが，材料や仕掛品の場合は，証拠の大部分が払出伝票等の内部資料となるため，標準値との比較検討による合理性テストが有効となることがある。

　決算期末に近接した時期の払出取引に着目する。この際，払出数量の不規則性にも着目する。決算時の発覚をおそれて，独自に棚卸を行い，在庫の不一致量を調整したものを発見することがある。また，決算期末前の払出数量が多い場合には，押し込み販売が存在する可能性もあるため，翌期以降の返品の動きにも注意を払う必要がある。

　訂正記録が連続しているもの，整理記入と見られる記録，同種取引が短期間に多数記録されているものに着目する。訂正については，承認の有無のほか，誤謬発生理由，誤謬発見の事情と訂正理由，訂正内容を訂正後の記録との関係に注意しながら調査する。整理記入として記録されているものには，過不足調整の旨の記録のあるもの，保管場所変更に関する記載のあるもの，数量または金額が記録されているのに単価記録が抜け落ちているもの等があり，これらが架空在庫の辻褄合わせに利用されていることがある。

　棚卸原票等の原始資料がきれいすぎるもの，脱漏しているもの，品名や数量を訂正しているものに着目する。実地棚卸資料を閲覧するときは，いつ，どこで，誰が，どのような方法で資料を作り，誰の承認を経て，報告し，保管されたかというような実地棚卸の具体的な実施状況を追跡する方法で調査するべきである。原始資料がきれいすぎるものは，原始資料のすり替えによって調整を行っている可能性がある。また，決算期末前後の仕入と売上，製造の記録を対比することによって，社外保管在庫の把握漏れ等の在庫計上漏れを発見することがある。

⑹　有価証券，その他の投資資産

①　不正の傾向

　有価証券，その他の投資資産については，投資の失敗による損失を隠蔽する粉飾決算が行われることが多い。多額の損失計上が余儀なくされる状況であるにもかかわらず，発行会社の決算書を偽造したり，別の有価証券等への投資と仮装したりするなどして損失計上を免れたり，関係会社に投資勘定を付け替えて連結の範囲から除外して損失の発覚を隠蔽する操作が行われることがある。

　また，有価証券は換金が比較的容易であるため，簿外で売却したり，担保に差し入れたりして換金し，有価証券実査において，名義書換手続中等を理由にして有価証券の写しを提出したり，担保預り証の偽造や改ざんをしたりして有価証券不足の発覚を免れる隠蔽工作が行われることがある。

②　調査における留意点

　有価証券，その他の投資資産の調査における留意点として，以下の事項が挙げられる。

　有価証券実査において，現物が存在せず，何らかの理由で持ち出し中である株券または株券不発行のものに着目する。これらの中には，簿外で売却または担保差入れされたものが含まれている可能性がある。名義書換請求中，売却依頼中のものは，預り証の現物と照合するほか，後日，株券等の現物または入金記録と照合する。保護預け中のものは，保護預り証または通帳，受益証券預り証，保管証等と照合する。証券会社の運用預かりを利用しているものは，証券借入証の現物と照合する。担保として他に提供している物は，担保品預り証の現物と照合する。株券不発行の場合は，株式払込金領収証，新株申込証拠金領収証，株式申込受付票等の証憑と照合する。

　株式等の発行会社から入手した事業報告書，計算書類を閲覧し，業績不良のものに着目する。特に，調査対象会社の業務にあまり関係のない業種の株式で業績の悪いもの，子会社で業績の悪いものについては，投資の理由，投資時の

事情，業績悪化の理由や事情，期末評価額の妥当性について調査をする必要がある。

　複数の会社，匿名組合等を経由した複雑なスキームを持つもの，関係会社との取引が関係するものに着目する。このような複雑な取引を通じて多額の損失や経営者等による資産の流用を隠蔽していることがある。投資の理由，投資時の事情，当該スキームを利用した意図，投資の回収可能性等について詳細な調査を行うことにより，当初から投資の判断に合理性がなく，経営者等による資産の流用等の隠蔽工作として利用されている場合，多額の損失が隠蔽されている場合を発見することがある。

⑺　買掛金，未払債務

①　不正の傾向

　買掛金は，仕入に伴って発生する負債であるから，その金額は，売上総利益以下のすべての利益に影響を与える。そのため，仕入の除外等による会計操作は粉飾決算の典型的な手段である。買掛金等に関する粉飾操作の手口としては，循環取引等の売掛金の不正操作に伴う架空計上，購入債務の一部の帳簿からの除外，購入債務の計上時期の不当な変更，仕入返品，受入リベート，値引きの架空計上等の手口がある。

　また，購買部門は会社の中で最も仕入先等に対する立場が強い部門である。購買部門は，仕入先等の選定から，仕入商品，原材料の数量，価格，品質の決定，検収等について大きな権限を持っている。そのため，仕入先等に圧力をかけて不当な値引きや割戻しを要求して一部を横領したり，バックリベートを受領したりする等の不正行為が発生しやすい。また，そもそも，支払権限を有する部門であるため，この権限を利用した着服行為等も発生しやすい。購買部門が行う買掛金等に関する不正の手口としては，証憑の偽造や二重使用による架空債務の計上，仕入価格や数量の意図的な誤り，架空発注による払込資金の着服，虚偽の仕入値引やリベートの計上による払込資金の着服等の手口がある。

②　調査における留意点

　買掛金，未払債務等の調査における留意点は，以下のとおりである。

　複数期間の回転期間を比較して異常な変化を見せる相手先の口座，取引額が著しく拡大する傾向にある口座に着目する。このような口座は，循環取引や売掛金の不正操作に利用されている場合があるので詳細な調査を行う必要がある。

　債務計上時期，支払時期が不規則な口座に着目する。支払については，請求の都度支払うという事務の不効率を避けるため，支払日を請求書到着日が属する月の翌月5日，10日，15日等に統一することが多い。しかし，時には債務確認をしてから支払うこともあるから，本来の支払日に誤って二重払いをしてしまうことがある。そして，意識的に誤ることも可能である。そのため，本来の支払日以外の日に支払われているものは，その前後の取引を請求書残高の連続性等に注意して突合し，二重支払い，後日受取りによる横領，着服の有無等について調査すべきである。

　臨時取引先の多額の取引に着目する。多額の取引は通常の取引先との間で行われるのが普通であり，臨時的取引には架空，裏契約が存在する可能性が高い。

　毎月取引が発生すべき債務口座であるのに，債務計上，支払記録が抜けている口座に着目する。取引が実際になかった可能性や債務計上漏れの可能性もあるが，支払の遅延を利用して相手先から複数の請求書を入手し，二重払いをする可能性があるため注意を要する。

　毎月，平均的に債務が発生している口座で，ある月だけ異常に多額または少額な取引がある口座に着目する。不正操作のための架空取引，債務計上漏れを発見することがある。

　計上されただけで支払記録のない口座，最近の発生債務は規則正しく支払っているのに，古い債務がそのまま残存している口座に着目する。これらには，単純な支払漏れによるものもあるが，架空取引計上，重複計上等によるものもあるため，遡及調査が必要である。

　債務計上から支払までの期間が，他の一般口座の取引と異なる口座に着目する。取引上の特殊条件による可能性もあるが，債務計上の繰延操作のため，係争があるため，バックリベート収納のため，支払金着服の機会を得るため等に

よるものもあるので注意を要する。

　同一相手先に対し，月に2回以上支払っている口座に着目する。二重払いによる支払金着服の可能性があるため注意を要する。

　会社所定の支払金種（現金，振込，小切手，手形，相殺等）以外の方法で支払っている口座に着目する。通常，会社は，支払日，支払金種についての定めを設けている。したがって，ルールを逸脱した支払に，相手先に有利な取扱いをしているものがあれば，利息収納契約やバックリベート収納の存在を想定する必要がある。

　値引き，返品件数，金額の多い口座に着目する。このような口座の相手先が納入する品目を調査し，その品目を販売または使用する担当者の意見を聴取し，バックリベート等の存在の可能性を検証する必要がある。

　銀行振込による支払を調査する際には，次のような点や痕跡に注意して必要な調査をする。銀行振込を利用した不正支出を発見することができる場合がある。

- 正規に届出された登録口座以外の口座に振り込まれたものに着目する。たとえば，請求書上にゴム印等で届出預金口座以外の預金口座に振り込むよう指示しているようなものがあれば，架空取引や偽装取引に基づく支払請求である可能性があるので，取引の実在性も含めて調査を実施すべきである。なお，証憑を閲覧する際にゴム印を押印して作成された請求書があれば，その指定している預金口座名と番号を届出台帳と照合すべきである。
- 会社名の次に部課名や任意団体名が付いている請求書，振込先口座の代表者の役職名が不自然な口座，代表者以外の個人名を表記した口座に振り込まれたものに着目する。このような口座への振込は，その送金先の会社を偽装した別の法人もしくは個人またはその会社内の団体への振込となっており，送金先の会社への正常な取引に基づく支払でない可能性が高い。このような振込記録があれば，取引内容の真実性も含めて調査する必要がある。
- 毎月連続するはずの振込先口座名または預金口座番号が変化したものに着目する。振込送金は届出預金口座以外にしないこととしていても，やむをえない事情によって，画一的な処理ができない場合がありうるが，振込先口座の変化は不正に関連していることもあるから，詳細な調査を行う必要がある。

●毎月特定の日を支払日とし，この日に一括して銀行振込送金する会社において，当該支払日以外の日に個別に振込送金しているものがあれば，その双方の支払取引に着目する。個別に振込送金した経緯，支払原因や支払先口座について詳細な調査をすべきである。

　出張期間中に出張先で担当者が行った取引で，金額が多いものに着目する。このようなものには交際費関係のものが多いが，領収証，請求書のほか，出張報告，旅費精算書，出勤簿等と照合すると，架空取引が発見されることがある。

　取引金額が多額の取引に着目する。金額が多額の取引については特段の異常がなくても詳細に調査をする必要がある。

　概算計上取引に着目する。丸まった金額の取引，計算過程が単純で，概算計上と見られる取引があれば，その根拠の合理性を十分に検証する必要がある。意図的に計算を誤り，不正な会計操作を行っている可能性がある。

(8)　簿外債務

①　不正の傾向

　借入債務，手形割引債務，預り金債務等の記帳除外，借入債務等の入金額の簿外支出や流用，不良債権や架空債権の回収偽装への充当，簿外の保証債務，損害賠償債務の不計上，引当金の不計上等が簿外債務の典型例である。

　簿外債務の発生には，善意または不知による誤謬と悪意または意図的な不正がある。前者は，主に債務計上資料の入手の遅れ，不備，従業員間の連絡ミス等によって生じる。後者は，経営状態が芳しくない企業が粉飾目的で発生させることが多いが，業績が優良な会社においても，経営者等による資産の流用の隠蔽工作として発生することがある。

　不正に基づく簿外債務は，経営者等が内部統制システムを無効化して行われる不正な会計操作であり，発覚しないよう経営者等が秘密裏に実行するため，通常，その簿外債務に関する記録や証憑が会社組織内に全く存在しないか，も

し存在するとしてもその片鱗程度しか残されていないことが多い。

②　調査における留意点

　簿外債務の調査方法として，以下のような方法で調査対象会社に残された痕跡等の調査をすることが考えられる。

　長期間の財務諸表を入手して趨勢分析を行い，財務情報の変動に係る矛盾や異常な変動の有無を確かめる。

　証憑綴り，契約書綴り，稟議書綴り，社内連絡文書綴り等を，資産や費用の計上について不審な点や負債計上との対応関係に不整合があるものに留意しながら査閲し，必要に応じて負債の網羅性に関する調査を行う。

　販売費及び一般管理費，営業外費用の帳簿記録および証憑綴りの通査の際に，融資取引のない金融機関，弁護士，司法書士等への支出等に注意し，そのようなものがあれば，担当者への質問，社内文書の閲覧により，支出の目的を調査する。また，判明した金融機関に調査対象会社に対する債務の有無，その金額等について照会を行い，弁護士，司法書士等に対しては支払の原因等について問い合わせを行う。

　支払利息勘定の帳簿記録と対応する借入金，預り金の残高を比較して異常の有無を確かめる。

　多額な資産の購入等があれば，取引総額と負債計上額を対比して異常の有無を確かめる。

　多額の負債計上，借入等による入金の取引があれば，契約上の総額と負債計上額とを対比して異常の有無を確かめる。

　会社の顧問弁護士に対し，紛争の有無，損害賠償債務の有無について質問する。

　何らかの痕跡をつかんだ場合は，デジタル・フォレンジック等の技術を利用して，メール連絡の記録やパソコンに残されたメモ等の調査を行う。

　悪意または意図的な不正に基づく簿外債務を発見することが困難であることは否めない。しかし，簿外債務にも，その発生に際して必ず簿外資産または簿外費用の発生を伴っていること，ある期間を経過すれば他の負債と同様に支払うべき期日が到来すること等の性質がある。そのため，これらの性質を手がか

りとして，調査対象会社の記録および証憑書類を簿外債務との関連性を推理しながら注意深く閲覧すること，簿外資産や簿外費用の存在をつかんだときはあるべき債務の証拠資料の存在について十分に調査すること，簿外債務の発生に関係すると思われる人物に対して的確かつ効果的な質問をすること等によって，簿外債務を発見できることがある。

9　調査報告

　調査報告は，調査担当者が不正調査を実施し，調査の対象に対してどのような結論に至ったかを報告することをいう。調査報告の報告先は，原則として依頼者である。調査報告に際しては，事実誤認がないように十分に留意する必要がある。

　不正調査報告書には，実施した不正調査の目的，不正調査の範囲，不正調査報告書の使用目的と第三者への開示に関する制限を記載する必要がある。また，不正調査で判明した事実を記載した上で，明瞭かつ簡潔な方法で調査結果と是正措置案の検討結果を記載する必要がある。不正調査報告書に，不正調査で入手した証拠，その他の資料等を含める場合もある。

　調査報告の方法や不正調査報告書の様式等は，報告対象者および報告対象者の使用目的等を勘案して，適切な方法，様式等を決定する必要がある。

　調査担当者が不正調査報告書を作成する上で留意する事項の主なものは，以下のとおりである。

- 不正調査報告書の作成目的および調査終了日付を記載する。
- 調査担当者が調査結果を記載する場合，その結果を評価するための証拠を記載する。
- 限定事項を適切に記載し，不正調査報告書の目的外使用を予防し，また，許可のない複製や第三者等への開示を予防する。
- 調査担当者の不正調査に関する責任を記載する。

> ● 調査結果に対する法的な判断に関しては，法律の専門家以外の調査担当者は意見を記載しない。

　その他，不正調査報告書の作成にあたっては，報告内容の構成を明確にし，記載内容の網羅性を確保するために目次を付すことが必要である。不正調査報告書は，簡潔，明瞭な内容とし，調査方法，調査結果等の詳細な内容については，本文には記載せず，添付資料とするなどの工夫をすることが望ましい。また，不正調査報告書は，客観的な記述によるべきであり，特定の関与者の悪質性を強調したり，特定の方向に印象操作を行ったりするような文章表現は避けるように留意する必要がある。

10　フォレンジック・アカウンティングに関連する事例

　フォレンジック・アカウンティングに関連する事例について紹介する。

(1)　事例1：架空発注（H社）

　以下の解説は，2019年5月5日付「調査報告書（公表版）」[9]の記載に基づくものである。

【事案】

> 　H社は，製氷機，冷蔵庫，食器洗浄機をはじめとする各種フードサービス機器の研究開発および製造販売を事業内容とする会社で，連結売上は3,000億円規模，連結従業員数は13,000人規模の会社である。H社には，H社北海道からH社沖縄まで，地域ごとに15の販売子会社がある。

9　https://www.hoshizaki.co.jp/topics/190507-4.pdf

　H社では，複数の販売子会社で架空発注等の不正行為が発覚した。具体的には，①貸し借り（別の取引間での売上原価の付替え），②仮装代理店販売，③協力業者への架空販売，④架空・水増し発注，⑤売上の先行計上，⑥撤去機等の無断転売（および売却代金の着服）である。

　H社では，15の販売子会社について，いくつかのエリア営業部がある。営業部の中にブロック長が数人いて，ブロック長の下にさらにいくつかの営業所があるという組織体制であった。

　H社では，未成約案件の金額を「売上」として報告する行為は「空売り」と呼ばれていたが，自らの営業活動の進捗状況を取り繕うために空売りの報告をする営業担当者は少なくなく，むしろ，空売りを行う営業担当者は，売上に対する一種の確約を示したこととなるため，「男気がある」などと称賛される傾向さえあった。

　H社東海では，同社の元社長や上層部が高い業績目標を掲げ，中間管理層に目標達成プレッシャーをかけており，さらに中間管理層が営業担当者を不正行為に追い込んでいた。

　H社グループでは不正不祥事に対し厳しく懲戒処分する方針になっており，2016年度から2018年度までに24件の懲戒解雇・諭旨退職があった。この方針に関して，従業員から調査委員会に「不正の温床・伝統を作った上層部に処分が甘く，下の層に対して処分が厳しい」との訴えが続いた。

【不正調査の観点からの注意点】

　本事案はさまざまな不正手法が用いられているが，勘定科目としては「売上」に関する典型的な手法である。

　未成約案件の金額を売上として報告する方法は期ずれ計上であり，まだ売上として確定していないものを売上として計上している。期ずれ計上を行うと次年度の売上を先行計上することとなるため，次年度の売上が減少し，次年度も期ずれ計上で売上を先行計上するインセンティブが生じる。そして，売上架空計上は雪だるま式に増えていき，先行計上以外のさまざまな不正を行うことになる典型である。

　H社においては，営業担当者が顧客に商品を納入する際，現場の確認不足，板金発注の採寸ミス等を理由として追加工事をせざるをえない場合があった。H社

では，この追加工事コストを顧客に転嫁できない場合に，協力業者に発注を行い，今後何らかの取引をしてもらえるとの「借り」が生じていた。この「借り」を返すために架空発注等が行われていたのである。不正調査としては，このストーリーを識別することが重要となる。

　また，本件の場合は経営陣からの過度なプレッシャーが不正を助長させていた。このような場合，不正調査を行う者としては経営陣に対して厳正な対処を提言する必要がある。

(2)　事例2：架空在庫の計上（J社）

　以下の解説は，2020年4月13日にJ社が公表した第三者委員会による「調査報告書」[10]の記載に基づくものである。なお，同報告書には経費の資産化以外にもさまざまな不正会計について言及があるが，以下では経費の資産化に絞って紹介する。

【事案】

　J社はもともと，株式会社産業革新機構の提案により，H社，T社，およびS社の3社の中小型ディスプレイ事業を統合させた会社である。

　J社は設立時から経営難が続き，2016年には連結売上が1兆円近くあったが，その後毎年1割程度のペースで売上減が続き，2019年には1,000億円超の債務超過に陥った。

　上場直後の四半期における営業損失の回避を企図し，J社の経営管理統括部長であるA氏は，2014年4月7日，経理担当者（管理職）らに対し，同日時点での2014年3月期第4四半期決算の集計値では，5億円超の営業損失が見込まれており，当該数値を開示するわけにはいかない旨を伝え，在庫評価減の見直し，未払計上分の精査，費用処理の4月期以降への振替等の検討を実施した。

10　http://www.daisanshaiinkai.com/cms/wp-content/uploads/2019/12/200413_chousa6740.pdf

　　J社は仕掛品の計算要素である加工費の進捗率を50％とする旨を取り決め，全工場において計算し，これをシステム上変更できない仕組みとしていたが，経理担当者は在庫管理システムから仕掛品残高明細をExcelで出力した上で計算し直すことで，仕訳を手入力で起票していた。

　　J社は仕掛品の過大計上による営業利益の水増しをしては，直後に取り崩す会計処理をしていたが，結果的に2017年4月から2018年8月に至るまで，100億円規模の不正会計を行っていた。

【不正調査の観点からの注意点】

　　本事案は，勘定科目としては「棚卸資産」（仕掛品）に関する不正手法である。

　　期末の棚卸資産の金額をかさ上げすれば，売上原価の金額は小さくなり，売上総利益の金額もかさ上げされることとなる。そのため，期末棚卸資産の金額は，当期の利益額に直接的に影響を与えることとなる。

　　具体的な手法としては仕掛品の加工費の進捗率を50％としていた取り決めを担当者が変更することにより在庫金額をかさ上げしていた。そもそもこの50％という数値の妥当性も問題となるところではあるが，会社の実情に基づき，全社的意思決定として継続して使用していれば恣意的に利益金額を変更することにはならない。本件でも50％という数値自体は問題としていないと考えられる。

　　問題は担当者レベルの人間がこの進捗率を手入力で変更することができた仕組みである。手入力による仕訳，特に本件のように金額としても多額に及ぶ決算仕訳などについては極力手入力による仕訳を避ける仕組み作りが必須である。

　　不正調査としては，仕訳入力を行った日時，担当者，内容，承認プロセスを精査し，他に不正に利用された仕訳がないかを確認する必要がある。

　　なお，本事案は，不正のトライアングル（機会，正当化，動機）の点から事案を分析できる典型例といえる。不正調査にあたってはこれらの側面から分析することが求められる。

　　J社では長期にわたるA氏への権限集中，人事の固定化がなされ，上位者による牽制が不十分であった。これによりA氏が不適切会計処理を主導することができる「機会」が存在していた。

　　A氏の主観的な事情については，本人が死亡しているため直接確認することはできないが，業績不振にあえぐ会社を何とかしたい，上長であるCFOを守らなければならないという「男気」，自分ならなんとかやれるという能力への自負，上位者に認めてもらいたいという承認欲求から，歪んだ正義感を抱き，不正会計が「正当化」されたものとされる。

　　2015年6月にJ社のCEOに就任したC氏は，四半期ごとに業績予想値として公表した営業利益の数値を達成するよう，関係各部署に対して厳しく要求していた。これらが不正の「動機」として挙げられる。

(3)　事例3：連結外し（F社）

　　以下の解説は，2018年8月8日にF社が公表した第三者委員会による「調査報告書」[11]の記載に基づくものである。

【事案】

　　F社は，連結売上が200億円規模の非上場のラジオ局である。F社は，連結子会社であるTS社の増資株式を他社に一時的に引き受けてもらうことで連結対象から外すこととした。

　　具体的には，2016年3月時点で，F社とその子会社の合計でTS社株の保有割合は50%であったが，F社と緊密な者の分も合わせると，保有割合は52%であった。F社は，赤字であったTS社を連結範囲から外すべく，F社社長の知人に話を持ちかけ，TS社の1億5,000万円の増資を当該知人が支配する会社であるB社に引き受けてもらい，結果的にF社のTS社株の持ち株割合は45.7%とすることで連結外しを行った。

　　本件の増資においては3カ月の期限が設定されており，3カ月後には1億5,000万円を返済する旨が合意されていたことに加え，TS社はB社の社長にコンサルタント料名目で，2年間で396万円の金利相当額を支払う合意がされていた。

11　https://www.tfm.co.jp/company/pdf/news_aff8c32a0a9f794bb1d7039cfefdc99e5d5cd64086651.pdf

【不正調査の観点からの注意点】

> 　本事案は，個々の勘定科目というよりも「連結決算」に関する不正手法であり，簿外債務を隠蔽するための手法である。なお，連結外しという手法は，業績の悪い子会社を連結対象から外して決算をよく見せることで利用される手法であり，カネボウの粉飾決算（2005年）などでも利用された方法である。
>
> 　本章P163（簿外債務のページ）でも触れたように，不正に基づく簿外債務は，経営者等が内部統制システムを無効化して行われる不正な会計操作であり，発覚しないよう経営者等が秘密裏に実行するため，通常，その簿外債務に関する記録や証憑が会社内に全く存在しないか，もしくは存在してもその片鱗程度しか残されていないことが多い。
>
> 　本事案ではもともと連結対象であった子会社を連結対象から外すという手法であるため，何らかの資料は残されていた部類であるとは考えられるが，連結の対象外となるべきであるのかを慎重に検討することが必要となる。
>
> 　連結の範囲に関しては「連結財務諸表に関する会計基準」に詳細な規定があるが，50％超の議決権を有していなくとも，緊密者等を含め実質的に判断することとなる。
>
> 　本事案においては，表面上は出資とされる行為であるが，引受期間が3カ月と合意されていたこと，さらにコンサルタント料名目で金利相当額が支払われていたことなどを理由に，実質的には出資ではなく融資であると結論づけている。
>
> 　不正調査にあたっては形式的な調査に終始することなく，実質的に当該取引はどのような法的・会計的性質を有する取引であるのかを，各種文書のレビュー，当事者間のやりとり，ヒアリングから特定し，慎重に認定する必要がある。

(4)　事例4：工事進行基準（T社）

　以下の解説は，2015年7月20日付「調査報告書」[12]の記載に基づくものである。

12　https://www.global.toshiba/content/dam/toshiba/migration/corp/irAssets/about/ir/jp/news/20150721_1.pdf?utm_source=www&utm_medium=web&utm_campaign=since202203CorpIr

【事案】

　　T社は，1904年に設立された電気機械器具の製造等を目的とする日本を代表する会社である。T社は1999年から，各事業部門を独立した会社に見立てて運営する「社内カンパニー制度」を導入している。

　　T社は，経営幹部の関与による2009年3月期から2014年4月〜12月期で，合計約1,518億円の利益水増しが行われていた。

　　不正会計の手口としては大きく4つ指摘されており，

① 　インフラ事業における工事進行基準による工事損失引当金の不計上（約477億円）

② 　映像事業の経費計上時期の先送り（約88億円）

③ 　半導体事業の在庫評価（約360億円）

④ 　パソコン事業におけるグループ会社間の部品取引（約592億円）

である。

　　工事進行基準とは，工事契約に関して，その工事の完成以前に工事収益総額，工事原価総額および決算日における工事進捗度を合理的に見積り，これに応じて当期の工事収益および工事原価を計上する方法である。なお，現在では，新たな会計ルールである「新収益認識基準」が適用されたことに伴い，工事進行基準による会計処理は廃止されている。

　　工事進行基準においては「合理的な見積り」が会計処理上重要となるが，T社は，工事原価総額を意図的に低く見積る（そうすることで進捗率が上がり，計上される売上が増加する）などの手法により会計不正を行っていた。

【不正調査の観点からの注意点】

　　本事案は，勘定科目としては「売上」ないし「工事損失引当金」（簿外債務）に関する不正手法である。

　　会計処理は，時として売上や入金が完了していない場合であっても，工事進行基準などのように適切な費用収益の認識という観点から，売上や売上原価の計上が必要となる場合がある。もっとも，実際に売上や入金が完了していない場合には会計上「見積り」という不確定な要素が入るため，極めて慎重な判断を要する。

　　これら会計上の見積りを利用した不正が識別された場合，不正調査としては会計処理のあるべき姿を踏まえ，直接的な原因と間接的な原因をそれぞれ調査する

必要がある。

　Ｔ社の場合，直接的な原因としては収益改善の目標値である「チャレンジ」の達成を強く求められるという当期利益至上主義から担当者がプレッシャーを強く感じていたことが挙げられる。間接的な原因としてはカンパニー内部においては，会計処理の適切性について，経理部以外にチェック機能を有する部署が存在しないというカンパニー内部におけるけん制機能の不備が挙げられる。

　なお，会計上の見積りはあくまである一時点での見積りであり，売上に際して入金される金額自体は変更がない。そうすると，他の不正経理と同様，一度会計上の見積りを恣意的に変更してしまうと，そのしわ寄せは翌期以降にくるため，翌期以降は辻褄合わせのために同様の不正が継続され，または他の不正に影響することとなる。本事案も複合的な不正により結果的に莫大な金額の不正が積み上がった結果となっている。

(5)　事例５：役員の不正報酬（Ｎ社）

　以下の解説は，2020年１月16日にＮ社が東京証券取引所に提出した「改善状況報告書」[13]の記載に基づくものである。なお，同報告書には役員報酬以外の不正についても言及があるが，以下では役員の不正報酬に絞って紹介する。

【事案】

　Ｎ社では，取締役会決議により，同社元代表取締役会長であるＧ氏に対し，自身の報酬の決定を含む，取締役およびトップラインマネジメントの報酬を決定する権限が一任されていた。

　Ｇ氏は，開示される自らの取締役報酬の金額を減らすため，自らに付与した取締役報酬の一部について支払時期を退任後に繰り延べるなどしてその開示をせず，その結果，2010年３月期から2018年３月期におけるＧ氏の報酬総額は過少に開示された。

13　https://www.nikkei.com/nkd/disclosure/tdnr/c3ubaq/

　また，G氏は株価連動型インセンティブ報酬の開示を避けるために報酬内容の操作や書類の改ざんを行った。G氏の株価連動型インセンティブ受領権行使による報酬について，権利行使日の偽装により，権利行使日前日より高い株価を使って報酬額の計算がなされ，株主総会決議により承認されている計算式に基づく金額より多い支払がなされた。

　本事案における不正行為の主な根本原因は，G氏への人事・報酬を含む権限の集中である。具体的には，N社の再建への貢献を背景に，G氏に対する個人崇拝が進み，G氏の活動をN社社内で不可侵領域とみなす風潮が形成されていた。G氏がN社の大株主であるR社のトップを兼任したことで，その傾向はさらに強まった。

【不正調査の観点からの注意点】

　本事案は，勘定科目としては「役員報酬」に関する不正手法であるが，個々の勘定科目の不正というよりも，「開示」に関する不正手法である。

　有価証券報告書には，1億円以上の役員報酬を記載する義務がある。本事案は，この役員個人の報酬額の開示義務違反を契機として，その他のさまざまな会社資金・経費の私的利用が発覚した珍しいケースといえる。

　役員報酬の金額については，単純な月額の役員報酬や役員報酬の金額のみならず，ストックオプションや本事例でも利用されていた株価連動型インセンティブ受領権（SAR）なども含む。

　ストックオプションやSARの設計および導入の検討には高度な法的，会計的，税務的知識が必要となることから，不正調査を行う際にもこれらの知識に精通した専門家を登用する必要がある。

　なお，N社による調査範囲はきわめて広範囲に及んでおり，約900万通の書類の収集および約245,000通以上の書類の検討，70人超の役員・従業員に対するインタビュー，10,000時間以上をかけての財務分析などを行っている。しかし，G氏に対するインタビューは実施されていない。

これは，G氏とN社が役員報酬開示に係る刑事裁判において共同被告人となっており，N社からG氏に接触を試みるのは望ましくない状況であること，N社は起訴事実を争わない予定であるのに対しG氏は起訴事実を争う予定である中，N社の調査に対するG氏の真摯な協力は期待できないこと，G氏に対するインタビューを待つまでもなく証拠からG氏の不正を認定できること等の理由による。

　一般的な不正調査であれば調査対象者からのインタビューは最も重要な調査の1つであるが，上記のような事情がある場合にはインタビュー実施を控えることも妥当であるといえよう。

◇章末理解度チェック◇

No.	問　　題	Yes/No
1	フォレンジック・アカウンティングとは，法廷の会計または法廷で有効な会計という意味であり，法廷での利用を目的としない調査等はフォレンジック・アカウンティングには該当しない。	Y□/ N□
2	不正調査は，限られた時間と資源の中で効率的に監査を実施するため，リスク・アプローチに基づいて手続を実施する。	Y□/ N□
3	仮説の検証において仮説に反する情報を得たとしても，構築した仮説を簡単に変更すべきではなく，仮説を裏づける証拠が見つかるまで粘り強く調査を行うべきである。	Y□/ N□
4	不正調査においては，法的な強制捜査権限はなく，強制的に情報の収集を行うことはできない。そのため，非公開情報の収集は，基本的に任意の情報提供によることになる。	Y□/ N□
5	調査担当者は，さまざまな情報分析手法により，異常の有無を分析し，不正調査に必要な仮説の構築を行い，仮説の検証のために調査要点の絞り込みを行うことになる。	Y□/ N□
6	粉飾決算と資産の流用を比較すると，粉飾決算のほうが経営者等により積極的な不正会計操作が行われることが多く，財務諸表に与える影響額が大きくなることが多い。	Y□/ N□
7	粉飾決算は，経営者等による内部統制システムの無効化を伴うことが多く，架空仕訳の入力，記録や証憑書類の偽造や改ざん，意図的な収益費用の計上時期の操作，会計上の不適切な見積り，事実の隠蔽，会計方針の不適切な変更等，経営者等が関与しなければなしえないような操作が行われることが多い。	Y□/ N□
8	資産の流用は，従業員が行う不正であり，会計上の影響額は比較的少額である。	Y□/ N□
9	仮説検証のための調査手続として，通常の会計監査技術は不適当である。	Y□/ N□
10	情報と証憑書類との突合においては，証憑書類の偽造・改ざんを予定して，証憑書類自体の真偽の検証を含めて実施されなければならない。	Y□/ N□
11	不正調査においては，必ずしも民事訴訟等で必要となる厳格な事実認定が必要なわけではない。	Y□/ N□

| 12 | 棚卸資産は，期末残高の増減が売上総利益の金額に直接影響し，金額規模も大きいため，粉飾決算に最も利用されやすい勘定科目の1つである。 | Y□/ N□ |
| 13 | 不正調査報告書の作成にあたっては，報告内容の構成を明確にし，調査方法，調査結果等を詳細かつ網羅的に記載すべきである。 | Y□/ N□ |

◇章末理解度チェック・解答◇

No.	解答	備　　考
1	No	フォレンジック・アカウンティングは，実際には法廷以外でも用いられる技術であり，企業において生ずる不正の調査は，ほとんどフォレンジック・アカウンティングに分類される（P118参照）。
2	No	不正調査では，仮説検証アプローチに基づいて，特定の範囲について重点的に精査を行い，証拠等を探り当てる手法がとられる（P119参照）。
3	No	不正調査を進める中において，合理的推定が働くか否かについては，常に再評価し続ける必要がある。仮説の検証等の調査手続において新たな情報が入手され，構築した仮説に合理的な推定が働かないと考えられる状況となったときは，仮説の再構築を行う必要がある（P123参照）。
4	Yes	不正調査においては，法的な強制捜査権限はなく，強制的に情報の収集を行うことはできない。そのため，非公開情報の収集は，基本的に任意の情報提供によることになる（P124参照）。
5	Yes	調査担当者は，さまざまな情報分析手法により，異常の有無を分析し，不正調査に必要な仮説の構築を行い，仮説の検証のために調査要点の絞り込みを行うことになる（P127～128参照）。
6	Yes	粉飾決算と資産の流用を比較すると，粉飾決算のほうが経営者等により積極的な不正会計操作が行われることが多く，財務諸表に与える影響額が大きくなることが多い（P133参照）。
7	Yes	粉飾決算は，経営者等による内部統制システムの無効化を伴うことが多く，架空仕訳の入力，記録や証憑書類の偽造や改ざん，意図的な収益費用の計上時期の操作，会計上の不適切な見積り，事実の隠蔽，会計方針の不適切な変更等，経営者等が関与しなければなし得ないような操作が行われることが多い（P133～134参照）。
8	No	資産の流用は，隠蔽工作が比較的容易に実施できる立場にある経営者等が関与することもあり，この場合，会計上の影響額も多額となることがある（P136参照）。
9	No	仮説検証のための調査手続としては，通常の会計監査技術が援用可能である（P142参照）。
10	Yes	情報と証憑書類との突合においては，証憑書類の偽造・改ざんを予定して，証憑書類自体の真偽の検証を含めて実施されなければならない（P142～143参照）。

11	Yes	不正調査の事実認定においては，調査の目的，時間的制約，証拠入手の困難性等を考慮して，合理的な仮定に基づき会計上の計数等を推計することや疑いの程度を明示するにとどめることもできる場合がある（P145参照）。
12	Yes	棚卸資産は，期末残高の増減が売上総利益の金額に直接影響し，金額規模も大きいため，粉飾決算に最も利用されやすい勘定科目の1つである（P157参照）。
13	No	不正調査報告書は，簡潔，明瞭な内容とし，調査方法，調査結果等の詳細な内容については，本文には記載せず，添付資料とするなどの工夫をすることが望ましい（P165〜166参照）。

不正調査とデジタル・フォレンジック

1　デジタル・フォレンジックの概要

(1)　デジタル・フォレンジックとは

　フォレンジック（forensic）とは「法廷の」,「科学捜査の」などを意味する。これにデジタルを加えたデジタル・フォレンジックは（コンピュータ・フォレンジックともいう）,「デジタル鑑識」という意味で用いられている。デジタル・フォレンジックは, 2000年頃にFBI（米国連邦捜査局）が使い始めたといわれており, コンピュータが普及した際の法科学分野の一分野として確立したものである。主にパソコン, サーバー, ネットワーク機器, スマートフォン, 情報家電など, デジタルデータを扱う機器全般がその対象となる。特にデジタル・フォレンジックは, コンピュータ犯罪や企業内の不祥事が起きたときに事件の関係先の機器を押収して記憶装置から証拠となるデータを抽出したり, サーバーや通信機器などに蓄積された通信記録から違法行為の証拠となる活動記録を割り出したり, 破壊・消去された記憶装置を復元して証拠となるデータを割り出したりする技術・分析のことをいう。

　また, 法医学という言葉と関連づけるとイメージがつかみやすいかもしれない。法医学は殺人事件が起こった場合などに, 死因や死亡推定時刻等の捜査や裁判に必要な情報について, 医学知識を用いて明らかにする技術や学問である。人のDNA型鑑定技術や解剖技術等が, 法医学の技術となる。一方, デジタル・フォレンジックは機密情報の不正な持ち出しがあった場合などに,「持ち出し経路はどのようなものか」「どの範囲の情報が持ち出されているか」「誰が持ち出したか」といった捜査や裁判等に必要な情報を, 情報処理技術を用いて明らかにする技術や学問である。そのため, 消去済みデータの復元や高度な検索技術等の特別な技術が必要とされる。

　つまり, デジタル・フォレンジックは, 訴訟手続に適用できるよう, デジタル証拠を識別し, 保存し, 分析し, 提示するプロセスなのである。デジタル・フォレンジックは時に科学的であり, 時に技術的でもある。

そのため，他の法的フォレンジックと同様，デジタル・フォレンジックのプロセスにはコンピュータのハードウェアやソフトウェアに関する幅広い知識と，証拠となるデータの改変や破壊を避けるための技術が求められる。また，デジタル・フォレンジックのレビューには，法的証拠となりうるものを獲得し保護するための調査・分析技術の使用が含まれている。したがって，この分野のプロフェッショナルは，各地方や地域，国家の法律，時には国際法において，証拠収集・保全プロセスがどう定められているかの詳細を熟知している必要がある。多くの地域に拠点があり，それぞれの拠点で対象者がいる場合やサイバー攻撃のように分散しているシステム上から攻撃が仕掛けられた可能性がある場合は，なおさらである。

デジタル・フォレンジックは，殺人事件や事故などに法執行機関が使う場合もあれば，企業内で起こる情報漏えい，談合，インサイダー取引，不正会計，キックバック，ハラスメント，横領のような不正・不祥事やサイバー攻撃のように情報処理機器を対象とした不正アクセスや機密情報の窃取等のセキュリティ・インシデントが発生した場合に使うこともある。その際はコンピュータなどの情報処理機器やネットワーク上に残されたログの証拠を保全し，将来起こりうる裁判に備えるための技術や手順が必要になる。

『警察白書』では，デジタル・フォレンジックを「犯罪の立証のための電磁的記録の解析技術や，その手続」と定義している。刑法における電磁的記録について，刑法7条の2では電磁的記録を「電子的方式，磁気的方式その他人の知覚によっては認識することができない方式で作られる記録であって，電子計算機による情報処理の用に供されるものをいう」としている。

一方，民間においては，犯罪を構成しない社内規則の違反などを確認するためにもデジタル・フォレンジックを用いる。たとえば，機密情報のダウンロード履歴や故意による消去，改ざんが容易なデジタルデータの性質を利用した改ざんや捏造である。それらが行われたかどうかを検証する技術や，証拠保全の段階でデータが改変や消去できないよう工夫したり，ハッシュ値[1]やデジタル署名[2]などで同一性を担保したりする技術なども含まれる。

---

1 電子ファイルや文字列等の電子データを，一定の計算式であるハッシュ関数により演算し，特定の長さの文字列に変換した値。

　『警察白書』の定義はやや範囲を狭く捉えているため，これらを含めた技術全般を網羅することは難しいが，何者かによるインターネットを利用した不正アクセス，従業員による不正や不祥事，犯罪に使用されたコンピュータのハードディスクを分析する，最先端の技術であるといえる。なぜなら，デジタル・フォレンジック調査ではデータが保存されているコンピュータ上のさまざまな事象を分析するために，特別な解析ソフトウェアツールや作業が必要となるからである。

(2)　デジタル・フォレンジックの活用

　デジタル・フォレンジックは，数十年前には，不正アクセスや機密情報漏えいなど，コンピュータや通信ネットワークに直接関係する犯罪における捜査手法として注目された。しかし，昨今では，社会へのITの普及・浸透に伴って，企業内での活用や一般の刑事事件などでも捜査や立証に活用されるようになってきている。

　デジタル・フォレンジック調査にはさまざまな用途の可能性が考えられている。最も一般的なのは，刑事裁判または民事裁判において，立証または反証するための証拠を得るためのものである。刑事事件には，警察によって逮捕され，検察当局などに起訴される窃盗や暴行事件，企業の粉飾決算や投資詐欺などの法律違反がある。一方，民事訴訟は個人の権利と財産を保護する目的で行われる（家族間の紛争など）ことも多い。また，企業間の契約上の紛争に関連しても，デジタル・フォレンジックが用いられることがある。また，企業では，不正なネットワーク侵入検知や，原因を専門的に調査するための内部調査や侵入調査や，被害範囲の特定などで有効活用されるケースもある。

　調査においての技術的側面としては，関連するデジタル機器の種類に応じて，次のようないくつかの小分野に分けられている。コンピュータ・フォレンジック，ネットワーク・フォレンジック，フォレンジック・データ分析，およびモバイルデバイス・フォレンジックなどである。典型的な法科学的プロセスは，

2　書面上の署名と同等のセキュリティ性を担保するために用いられる公開鍵暗号技術の一種。

デバイスの証拠保全，（元データを改変せずに行われる）データ復元，データ抽出，解析，分析ならびに収集された証拠についての報告書の作成，そして報告会の開催である。

⑶　デジタル・フォレンジック普及の背景

　ここで，デジタル・フォレンジックの重要性が増した背景を説明する。

　1つ目は，デジタル化の進展である。コンピュータやインターネットの普及に伴い，多くのデータはデジタル化され，電子記録として保存されるようになってきた。従来のデータが単にデジタルデータだけでなく，さまざまな処理をされ高度な判断に用いられるようになってきている。したがって，デジタルデータは今や組織の基幹に関わるものとなっている。また，個人や組織の多くのやりとりが電子メールやチャットなどの形式でスマートフォンなどに蓄えられるようになってきた。捜査や調査においてデジタルデータが非常に重要なものとなっている。

　2つ目は，デジタル化に伴い，この10年間でコンピュータ関連犯罪や企業における不正・不祥事の件数が増加したことが挙げられる。法執行機関は犯罪に関わる人物，物件，場所，時期，および方法を特定するために，デジタルデータを証拠として使用するようになり，その支援を目的とする企業や製品も増えてきた。

　民間の企業には，社内外で起こったセキュリティ・インシデントやコンプライアンス違反において，デジタルデータが有用な情報や真実解明の鍵となる情報が残っていることが多い。

　3つ目は，訴訟の増大である。日本においても，国民の権利意識の増大などから，従来は考えられなかったような場合にも民事訴訟が行われるようになってきている。裁判に負けないようにするには，証拠の確保が不可欠である。デジタルデータをパソコンなどから，完全性を確保しつつ取り出し，証拠として訴訟に備えるための手順や技術が要求されるようになってきた。社内の規則に反する行為を取り締まる場合でも，民事訴訟の可能性が増えたため，証拠確保の重要性を増大させている。

　これらの状況からコンピュータ犯罪の証拠データを法廷に適正に提示することを目的とするコンピュータやネットワークのフォレンジック調査が発達した。フォレンジックツールとフォレンジック技法は，ほとんどの場合，犯罪の調査やコンピュータセキュリティ・インシデントに対応している。その用途は，疑いのあるシステムを調査し，証拠を収集して保全し，事象を再構成し，事象の現在状況を見極めて，適切に対応することである。

　こうしたフォレンジック技法は，企業の資産や価値を守るため，ビジネスの世界でも頻繁に使われている。たとえば，とある従業員の行動を監視し，産業スパイの証拠を見つける手助けをし，自社の取締役にかけられた不正疑惑を晴らすことにも活用されている。

　また，車や飛行機など移動で使われる「モノ」にログが残っていれば，解析する機会も増えてくるだろう。「モノ」に電子情報があれば，それを解析し原因究明や被害範囲の特定などに活用していくのがデジタル・フォレンジックとなる。このようにデジタル・フォレンジックは，DX化（デジタル・トランスフォーメーション化）が進展していく中で，デジタルで扱う情報が膨大になることが明らかであり，官公庁や企業において，あるいは社会全体で必要となる技術であり，今後その対象はさまざまに展開していくだろう。

(4)　デジタル・フォレンジックの必要性

　不正や犯罪の直接的な証拠を特定するだけでなく，証拠を特定の容疑者に帰属させるのもデジタル・フォレンジックの役割の1つである。たとえば，被疑者のアリバイや過去の発言を確認し，その意図を判断したり，システムなどの著作権侵害の場合はソースコードを解析し類似性を特定したりする。調査は複雑な時系列や仮説を伴うことが多い。単純な質問に対する回答を導き出す他の法科学分析とは異なり，はるかに広い範囲にわたる分析を必要とする。

　近年，日本ではDX化にどの企業も取り組むようになった。新型コロナウイルスのパンデミックにより，企業は急激にデジタル化の波にさらされている。数年前では考えられなかったテレワークやWEBでのミーティングがある。そのことによってさまざまなアプリケーションやシステムなどが開発され，企業

はこれらを導入して対応しようとしている。

　これまで持ち出すことが困難だった機密情報や個人情報が，デジタル化によって簡単に外部に持ち出せるようになった。情報セキュリティやコンプライアンスの見直しが追いついていないことも相まって，企業内の不正・不祥事が増えている。また，サイバー攻撃による被害なども年々増加している中，デジタル・フォレンジックの必要性が増している。

　さらに，デジタル・フォレンジックの対象は，ここ十数年で大きく広がっている。証拠となったり有用とされたりするデジタルの情報を抽出し，解析・分析していた初期の頃は，主にパソコンが対象だった。次に，パソコンに付随する形で携帯電話やサーバーに残るメールやファイルのデータに広がった。さらにサイバー攻撃が多発するようになり，セキュリティツールに残るログやサーバーに残るトラフィックログの解析・分析が必要になり，昨今，これらすべてを解析・分析しないと全容が見えない事案が増えてきている。

　現在のデジタル・フォレンジックの対象物には，【図表1】のようなものが挙げられる。

【図表1】デジタル・フォレンジックの対象物

コンピュータ	携帯電話	サーバー
セキュリティ機器	防犯カメラ	ドライブレコーダー
音声レコーダー	複合機	デジタルカメラ
デジタルビデオ	アプリケーション	ソフトウェア
システム開発のログ	WEBサイト	USBや外付けHDD

(5)　デジタル・フォレンジックの活用例

　企業内の不正・不祥事の事後対応としてだけでなく，トラブルの予防的観点からもデジタル・フォレンジックの適用効果は優れている。以下に主なものを解説する。

①　セキュリティ機器のトラブル対応と脆弱性の診断

　フォレンジックツールとフォレンジック技法はセキュリティ機器の更新状況の確認や障害対応に使用できる。ネットワーク構成に誤りのあるホストの仮想的または物理的な場所の特定，アプリケーションの機能的な問題の解決，ホストのOSやアプリケーションの現在の構成設定の記録と確認などである。

②　ログの監視

　各種のツールや技法はログの監視に役立つ。ログエントリを分析したり，複数のシステム間においてログエントリの相互関係を示したりできる。これは，インシデント対応，ポリシー違反の識別，監査，およびそのほかの活動に役立つ可能性がある。

③　データの復旧

　偶発的または故意に削除または変更されたデータを含め，システムから消失したデータを復旧できるツールが数多く発達している。復旧できるデータの量は，場合によって異なる。

④　データの保全

　一部の組織では，従業員が使用していたパソコンの再配備または廃棄する際にデータを保管するため，フォレンジックツールを使用している。ある従業員が組織を退職した時に，その従業員のワークステーションからデータを保全し，将来必要になったときに備えて保管することができる。その後で，ワークステーションの媒体を初期化することにより，元従業員のデータをすべて削除できる。

⑤　注意義務／規制の遵守

　既存の規制や新たな規制により，多くの組織は機密情報を保護し，監査のために一定の記録を保持することが求められる。また，保護されている情報が第三者に暴露された場合，各組織は他の政府機関や影響を受ける個人に通知する

ように求められることもある。

　デジタル・フォレンジック調査は，各組織が注意義務および要件を遵守するのに役立つ。

⑹　デジタル・フォレンジック調査の流れ

　ある企業に対し「個人情報が外部に漏えいしたのではないか」など，クライアントから指摘を受けた場合を想定してデジタル・フォレンジック調査の流れを概観する。

　個人情報が漏えいした際には，デジタル・フォレンジック調査を用いて事実確認を行うことになる。この調査にあたるのは，企業の職員の場合もあるが，一般的にはデジタル・フォレンジック調査を専門にする企業などの専門家が行う場合が多い。企業にとって重要なことは，この漏えいが外部の人間によるものか，内部の人間によるものかの切り分けである。

　外部の犯行であれば，それを警察などに提出して捜査を依頼することになる。警察などの法執行機関ではこの報告書も参考にしつつ，独自にデジタル・フォレンジックを用いて，外部の不正者を特定していく。

　内部からのものであれば，個人情報などに鑑み，第三者のデジタル・フォレンジック調査を行う企業などの専門家に依頼し，さらに証拠の収集を行う。

　不正の証拠を確実なものにするために，サーバーなどを解析し不正アクセスを行った可能性の高い人物を明確化する。さらに，その人物が使用していたパソコンを調べてデータ復元や解析を行い，より確実な証拠を把握する必要がある。

　個人情報を保管していたサーバーのログ解析により，不正なアクセスをした可能性の高い職員が見つかった段階で，デジタル・フォレンジック調査を実施することになる。【図表2】に準備から報告作成までの，基本的な流れを示す。

【図表2】デジタル・フォレンジック調査の基本的な流れ

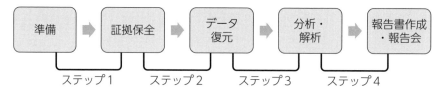

① ステップ1：準備

　調査の依頼を受けたら不正を行った可能性の高い職員のパソコンを確保してもらう。また，対象のパソコンを使って独自で調べるようなことや電源を入れるといったことは，データを上書きしてしまうので証拠データの汚染や上書き消去の観点から決して行ってはならない。

　一方で新しいHDD（ハードディスク）を用意してフォーマットを行い，証拠保全用のHDDを2枚用意する。1枚はマスターとなり2枚目を用いてその後のデータ解析を行うためである。対象となるパソコンや携帯電話やサーバーなどの状態とメーカーや全体の容量などの情報を収集する。また，ログインIDとパスワードもしっかりと把握しておくことが重要となる。

② ステップ2：証拠保全

　不正を行った疑いのある職員が使っている会社のパソコンや携帯電話などをデジタル・フォレンジック調査の専門会社に渡す。そこから専門会社は可能であれば内蔵HDDをパソコンから取り出す。職員のいない夜間や休日に作業を行うこともある。

　その場合は細心の注意を払って対象者のデスク回りを確認し，カメラで椅子の位置，紙の位置などを細かく撮影しておくことが大切である。保全作業が終わったら原状回復作業を行うが，何よりも対象者が次の朝に出社してきて，違和感を覚えて気づかれては困るので，しっかりと写真を見比べて原状回復作業を行う。

　この段階での対応が不十分もしくは不適切だと，証拠となりうる情報や痕跡が失われる可能性があるので細心の注意が必要である。

　証拠取得用HDD（コピー先）へ100％物理コピーを行う。ここで，物理コピーの場合はファイルを削除していた場合であっても上書きがされていなければ，復元が可能である。

　対象HDD（コピー元）と証拠HDD（コピー先）のデータ同一性を比較するため，両者のハッシュ値 あるいはデジタル署名 をとっておき，改ざんが行われていないことを確認する。現在ではハッシュ値だけではなく，ハッシュ関数と公開鍵暗号を用いるデジタル署名が望ましいとされている。デジタル署名に用いるハッシュ関数は，SHA-2やSHA-3，公開鍵暗号は2048ビット鍵長のRSA暗号などが望ましいといわれている。物理コピーされたデータを解析ソフトウェアに適したイメージファイルへ変換する。

③　ステップ3：データの復元，分析

　解析用ファイル形式に変換された証拠データを解析用ソフトで認識する。解析ソフトとしてはEnCaseやフォレンジックツールキットやX-Ways Forensicsの製品やAutopsy等のフリーソフトがよく知られている。この段階で，過去に消去されたファイルの復元や，暗号化されたファイルの復号を試みる。

分析においては，
- (i)　ファイルデータの分別を行う。
- (ii)　ビューワーを用いてさまざまなファイルをいくつかの解析ソフトを使って閲覧する。
- (iii)　必要に応じてパスワードリカバリの実施やレジストリエリアを閲覧する。レジストリとは，Microsoft®のWindows95以降で各種の環境設定やドライバの指定，アプリケーションの関連づけ等の情報を保存しているバイナリファイルである。

---

④　ステップ4：報告書の作成

　法廷やステークホルダーなどが最重要視する調査報告書の作成を行う。報告書の内容は公平であること，客観的であること，真正であること，理解可能で

あること等が求められる。これらの過程で，対象者のパソコンから正しく，デジタルデータを収集し，改ざんされていないということを裁判官などが信じるに足るようにしておく必要がある。

　証拠を突きつけて不正を暴くことは，ドラマのように簡単にはいかない。最近では業務のデジタル化も進んでおり，不正，あるいは無実を証明するためにパソコンやスマートフォンなどのデジタルデータを用いることが多くなってきている。実はこれが確実に証拠になるというものは，なかなか見つからないことが多い。裁判などでは，何を争うかによっても証拠となるものが変わってくる。

　フォレンジックプロセスには多くのモデルがある。各モデルのステップは，正確には少しずつ異なるが，各モデルに反映されている基本原則や全体的な方法論は同じである。モデル間の主な違いは，プロセスの各ステップの細分化レベルと個々のステップで使われる用語にある。デジタル・フォレンジック調査が可能な項目を【図表3】に記載する。個々のニーズに最も適したフォレンジックモデルを選ぶべきである。

【図表3】デジタル・フォレンジック調査が可能な項目

証拠保全（法廷に提出可能）	削除データの復元・抽出	インターネット閲覧履歴
ドキュメント／メール送受信データ	ファイルアクセス履歴	アプリケーションのインストール履歴
USB等の外部記憶媒体の接続履歴	コンピュータの起動履歴	コンピュータウイルス/マルウェア（悪意あるプログラムやソフトウェア）
通話履歴/WEBミーティング履歴	SNS/SMS	ネットワーク/クラウド
サーバー	Azure／Slack／Teamsなど	Box，Google Workspace，M365など

　また，その他の主なデジタル・フォレンジック調査の対象を以下に記す。

(i)　ネットワーク・フォレンジック

　コンピュータおよびネットワークセキュリティの研究者であるマーカス・J・レイナム（Marcus J.Ranum）はネットワーク・フォレンジックを，「セキュリティ上の攻撃や問題を発生させるインシデントの発生源を発見するために，ネットワーク上のイベントをキャプチャ，記録，分析する」手順や技術であるとしている。パケットログの分析や，ログなどからのマルウェアの抽出，抽出されたマルウェアの分析等を含めてネットワーク・フォレンジックという場合が多い。

(ii)　モバイル・フォレンジック

　携帯端末やスマートフォンのような無線を用いて通信する機器に対するデジタル・フォレンジックである。

(iii)　メモリー・フォレンジック

　メモリー・フォレンジックは，メインメモリー上のデータをダンプ[3]した後などに，解析する手順や技術である。

　マルウェアにはディスクに痕跡を残さないものが増えており，ファイルなどがディスク上で強い鍵で暗号化されている場合は解読できない。そのため，メモリー上のデータの解析が必要になった。頻繁にメモリーダンプをとると時間がかかり，コンピュータの通常の処理が困難になるため，いつダンプをとるべきかの判断が難しい。

(iv)　クラウド・フォレンジック

　クラウド・コンピューティングにおけるクラウド上にあるデータに対するデジタル・フォレンジックの手順や技術である。

(v)　ライブ・フォレンジック

　ライブ・フォレンジックは起動中のコンピュータでリアルタイムに情報収

3　コンピュータが稼働中のある瞬間のメインメモリの内容の一部または全部をストレージに記録すること。

集・解析を行うことである。

　メモリー・フォレンジックと同じ意味で用いる場合もあるが，ライブ・フォレンジックは，メモリー上のデータだけでなくハードディスクなどからのデータ収集を含む広い概念で用いることが多い。

(vi)　ファスト・フォレンジック

　インシデント・レスポンスや応急的な捜査の対応のために証拠性確保の完全性をやや犠牲にしても，早急に結果を求めようとするデジタル・フォレンジックの手順や技術である。

(vii)　デジタル・フォレンジック調査で用いられるログの種類

(ア)　システムで一括管理されているログ
- UNIX系OSのsyslog
- Windowsのイベントログ

(イ)　アプリケーションソフトウェア自体の独自のログ
- Apacheのアクセスログ
- IISのアクティブログなど

(ウ)　セキュリティソフトウェアによるログ
- マルウェア対策ソフト
- 侵入検知
- 防止システム
- WEBプロキシ
- 脆弱性管理ソフトウェア
- 認証サーバー
- ルータ，ファイアウォール等からのログなど

　以上を踏まえた上で，パソコン，スマートフォンを中心に，より具体的に各機器に対してのデジタル・フォレンジック調査の段階を追いながら説明していく。

2 初期調査段階

　初期調査の段階では，まず分析・解析をするために必要な調査対象の機器などに関する情報収集に注力する。

- どのような機器を対象とするのか。
- 本当にそれだけで十分なのか。
- それらの現在の状態はどうなっているのか。
- 各IDとパスワードはわかっているのか。
- 対象機器の種類や容量などの情報は揃っているか。
- そもそも対象となった機器からデータを抜くこと（保全）ができるのか。
- 対象機器を持ち出すことはできるのか。できるのなら郵送は可能か。
- 持ち出すことができないのなら，現地で保全は可能か。
- 作業を安全に遂行できる場所はあるか。

以上の多岐にわたる証拠保全に必要な条件などを考慮して，確認する。

　デジタル・フォレンジック調査を始める前の留意点として，事前の準備をきめ細かく行うことが特に重要になる。そのために，さまざまな機器の特徴や仕組みをより多く事前に確認すべきである。保全対象の機器の情報もさることながら対象者についても情報収集を怠ってはいけない。対象者へのヒアリング内容や，対象者がパソコンをどのように使っていたのかなど，一見，関係のないようなことでも，後々関係してくることは多々ある。

　これらはすべて初期調査の一環であり，デジタル・フォレンジック調査の成否はこの事前準備にかかっているといっても過言ではない。

　また，常にコンピュータ，携帯電話などのハードウェア，WindowsやMacなどのソフトウェア，アプリケーション等について，最新の情報を入手しておくべきである。デジタル・フォレンジックの対象となる電子機器は，パソコンやサーバー類からスマートフォン，ゲーム機，家電やネットワーク機器に至るまで広義にはコンピュータに当たる。

　コンピュータはいずれも中央処理装置（CPU）と主記憶装置（メモリ），補助記憶装置（二次記憶装置）および入出力装置（I/O）からなる。CPUの主な機能は，メモリ上のプログラムを順に読み取って解釈し，その内容に従って計算処理や入出力処理を行うことである。メモリはCPUが扱うプログラムやデータの置き場所であるが，電源を切るとその内容は保持されない。

　補助記憶装置はそのプログラムやデータをファイルの形で保持するもので，メモリより読み書きが低速である代わりに電源がなくとも内容を保持できることが特徴である。このような構成は，どのような種類のコンピュータでもその原理は変わらない。

　前述したように技術は常に進化しているため，新たなデバイスや通信メソッドについての最新情報を持っておくことは重要である。また調査中の組織において，こうした技術やデバイスのうち何が許可されているかを，きちんと知る必要もある。従業員は「便利だから」という理由で，頻繁に個人所有のデバイスを使うが，それらがしばしば，侵入者による不正な情報収集に利用されるからである。

(1)　どのようなI/Oデバイスが使われているか

　コンピュータやコンポーネントを表現するのに使用される用語の多くは，それらの能力，仕様，サイズを表している。「コンピュータ」という言葉は，マイクロプロセッサを含むあらゆるデバイスに当てはめられる。しかし，我々のほとんどが「コンピュータ」と聞いてイメージするのは，キーボードまたはマウスによって入力されたものを処理し，その結果をスクリーンに表示するデバイスである。

　最初に行わなければならない作業の1つは，組織内で使用されている，あらゆる「入力／出力（I/O）」デバイスのタイプをリストアップすることである。このリストを基に，デバイスが持っている情報の分析に必要なツールを選択することになる。また，どのエリアが不正アクセスによる影響を受けやすく，より多くのモニタリングを要するかを調べる際にも，このリストが参考となる。

① サーバー

1950年代にコンピュータが使用され始めた頃，データの保存や処理は主に「メインフレーム」という大型コンピュータ製品が主流であり，さまざまな企業の基盤システムとして稼働していた。本体の「ホスト」と入力端末の「ターミナル」に分かれており，これらを通信回線や構内ネットワークで接続することによりデータ処理が可能となっていた。しかし，コンピュータの性能がよくなるにつれて大型コンピュータ（メインフレーム）による集中処理から，多数のパソコンをネットワークで接続する分散処理にシフトしていった。

基本的にメインフレームを提供しているのはIBM，日立，HP，富士通，そしてNECといった大企業であり，大きく特殊で高価なハードウェアシステムが含まれた専有CPU，メモリ，バスアーキテクチャを使っている。

2000年代に近くなるとコンピュータの価格はますます安くなり，ネットワークの速度も年々速くなり，同時に多くのサーバーが乱立したためにいかにしてサーバーを管理するかが課題となった。そこで現れたのが「クラウド・コンピューティング」だった。

クラウド・コンピューティングが誕生したことにより，1台分のスペースだけで複数のサーバーを立てることが可能となった。

一般的なサーバーの種類としては，物理サーバー，共有サーバー，専用サーバー，バーチャルプライベートサーバー（VPS)，クラウドサーバーなどがある。

サーバーの用途としては，WEBサーバー，メールサーバー，ファイルサーバー，データベースサーバー，ドメインネームシステム（DNS）サーバー，アプリケーションサーバー，ファイルトランスファー・プロトコル（FTP）などがある。

また，サーバーがどのような状況にあるのかも見極めなければならない。内部ネットワークからアクセスされるのか，外部からインターネット経由でアクセスされるのか，それとも両方なのか。これは，サーバーの脆弱性や，とるべき予防策を判断する上で役に立つ。

この作業が重要なのは，ネットワークおよびインターネットの持つ匿名性の

せいで，あらゆるタイプのサーバーに対する攻撃が増加しているためである。なお，こうした攻撃は，愉快犯のような単なる好奇心で攻撃されるものから悪意によって攻撃されるものまで，さまざまである。

②　ワークステーション

「ワークステーション」という用語は，研究開発チームによって最も頻繁に使用される，極めてパワフルな「デスクトップ」コンピュータを指すのに使用される。技術は非常に速いスピードで進歩しており，多くの処理パワーを小さな機械に詰め込むことができる。組織内のワークステーションの一覧表は持っておくべきである。また，誰がそのネットワークに遠隔で接続しているかも知っておかなければならない。

　昨今，在宅勤務は1つの生活様式となっている。在宅勤務は諸経費とエネルギー費を節約させ，多くの組織が仕事スペースを提供することなく，社員を雇っている。自宅のコンピュータから企業ネットワークへハッキングする事例は，多数報告されている。

　コンピュータのメモリは電源投入時にはその中身がない。そのため電源投入直後に実行する小さなプログラムを読み出し専用メモリ（ROM）に格納し，電源投入とともにメモリに複製した上で動作させている。このような起動直後に動作するプログラムはファームウェア（Firmware）と呼ばれているが，パソコンの場合はBIOS（Basic Input／Output System）と呼ばれる例が多い。

　最近では，UEFI（Universal Extensible Firmware Interface）という規格に基づくファームウェアへの置換えが進んでいるため，UEFIBIOSという呼称も使われることがある。コンピュータの起動直後のBIOSなどのファームウェアは，次に補助記憶装置の中からOSを読み出してメモリに書き込み，起動する役割を担っている。補助記憶装置はメモリと異なり，電源を切断しても消えない，不揮発性と呼ばれる性質を持つ。

　読み書きが可能な補助記憶装置のうち現在最もよく使われているのはHDDおよびSSDである。また，メディアが取り外し可能な補助記憶装置はデータ移送のために使われる。現在ではUSBメモリやSDカード等，フラッシュメモリを用いたものや，CD-R，DVD-R等，光学ディスクを用いたものが多い。

③ OS

OSの主な機能は，ファイルの管理，メモリ管理，マルチタスクなどのプロセス管理，さらにはユーザーインターフェースや，TCP/IPなどのネットワークなど，コンピュータを操作する上で，ハードウェアとユーザーをつなぐための基本的動作を定めている。補助記憶装置は通常，プログラムやデータをファイルと呼ばれる形式で格納する。このファイルの取扱いはOSが管理している。

特にメモリの管理では，実際に必要になったデータがOSの働きにより自動的にメモリと補助記憶装置との間で転送されるようになっており，実際に使用中のプログラムおよびデータは常にメモリ上にある。また，OSが管理しているものでファイル管理もまた重要なデータの1つである。アプリケーションプログラムも，文書データもファイルとしてハードディスクなどの記憶装置に保存され，必要に応じて開いて読み書きできる。ファイルの保存形式を決めたり，階層構造に格納したり，というファイルシステムもOSが提供する機能の1つである。ファイルは保存の際，同じフォルダ内では，同じ名前をつけられない。そのようなファイル管理の方法を決めているのが，ファイルシステムである。

これらの管理されている記憶装置に残された電磁的証拠がデジタル・フォレンジックの主な対象である。メモリ上の電磁的証拠を収集するフォレンジックをライブ・フォレンジックと呼ぶこともある。しかし，このライブ・フォレンジックはインシデント発生時の証拠をそのまま保全することが難しいため，いまだ技術的な開発が求められる分野である。

④ メディア

補助記憶装置の中で，実際にデータが書かれる記憶媒体をメディア（media）と呼ぶ。このメディアには，磁気媒体（ハードディスク，フロッピーディスク等），光学媒体（CD-RやDVD-R，BD-R等）および半導体（フラッシュメモリ等）がある。

これらのメディアにおいては，セクタと呼ぶ固定長（メディアにより128Byteから128KB程度まで異なる）の領域を単位として，任意の位置に随時データを読み書きできるハードウェア構造となっている。これをランダムアク

セスと呼ぶ。

　このランダムアクセス可能なメディアはOS内のファイルシステムをとおして，ファイルの保存場所として使われる。このようなファイルがデジタル・フォレンジック調査の主な対象となる。

⑤　ハードディスク

　ハードディスクは現在のコンピュータシステムの主なストレージである。これは，デジタル・フォレンジック調査の重要な対象となるが，非常に大容量であるため，必要なデータを効率よく探し出すにはツールの使用が不可欠である。

　また，ハードディスクドライブは精密機器であり，メディア上のわずかな傷でも大きくデータが損なわれる。その他のヘッドなどの機械部分も物理的衝撃や熱，水等に弱く，故障しやすい。メディアそのものが無事であれば修理によって内容の取出しが可能であるが，クリーンルームなどの高価な設備と高度な技術を要する。

⑥　フラッシュメモリ

　半導体による補助記憶装置の代表的なものがフラッシュメモリであり，電子的に書き換えが可能な読み取り専用メモリ（EEPROM：Electoric Erasable and Programmable Read Only Memory）を高速化したものである。RAMに比べて書き込みに時間がかかるため主記憶には用いられないが，低価格化に伴い補助記憶として用いられることが最近増加している。特にスマートフォンやタブレット，デジタルカメラ，IC音声レコーダー，電子書籍リーダのように低消費電力で動作しなくてはならないモバイル機器では，補助記憶として内蔵されている場合が多い。各種ICカードでも書き換え可能な記憶部分として内蔵されている。

　フラッシュメモリがリムーバブルな補助記憶として用いられる場合，USBメモリ，SDカード等として使われることが多い。SDカードは通常サイズのものとは別に，microSDカードと呼ばれる小型のものがスマートフォンなどの記憶媒体として使われている。

　これらは比較的データの抽出が容易と考えられるメディアである。その反面，

高電圧や強磁気には弱い。また，フラッシュメモリにはメモリセルごとに書き換え可能回数に限度があり，現在製品化されているものでは概ね数万から数十万回程度である。さらに，時間経過とともにデータが徐々に消失することも知られており，長期の保存には適していない。

　これらの補助記憶媒体内の証拠を適切に保全し，分析するのがデジタル・フォレンジックであるといえる。

(2)　証拠保全の作業

　さまざまな情報収集と事前準備，そしてそれらを基に不正行為の仮説を立て，デジタル・フォレンジック調査においての多角的な視点でアプローチ方法をシミュレーションした後に実際の作業に入っていく。

　まず，最初のステップとしては，電子データの証拠保全となる。証拠保全はデジタル・フォレンジック調査の最重要項目といっても過言ではない。この証拠保全が成功しないことには先のステップに進めない。また，デジタル・フォレンジック調査の対象者が所有していたパソコンの他，USBメモリ等の記憶媒体や関与者とおぼしき人物が所有している記憶媒体等，なるべく多くの証拠を保全しておくことが重要である。

①　パソコンにおける証拠保全

　パソコンは電源をオンにすると，内蔵のハードディスクが起動され一部のファイルのタイムスタンプ（ファイル作成時刻，ファイル更新時刻およびファイルアクセス時刻）がWindowsなどのOSによって書き換えられる。ファイルへのアクセス時刻が問題となる場合もあり，また，ファイル削除プログラムが仕込まれているときには，パソコンを起動する際に証拠となるファイルが削除されるおそれがある。

　このため，押収時にパソコンの電源がオフになっている場合は，原則として電源をオンにしてはならない。電源がオンの場合は，使用OSやシステム時計の正確性の確認，ネットワーク環境の確認，パソコン画面やプリンター等に表示・出力されていた状況を記録，必要があれば電源をオフにすると消える揮発

性情報を取得した上で，電源プラグをコンセントから引き抜き強制的に電源オフにする。ノートパソコンの場合は事前にバッテリーパックを外しておく。

　対象パソコンの内蔵ハードディスクが取り外しにくい場合は，複製ツールのパソコン起動用USBを用いて対象パソコンを起動できるようにパソコンのBIOSなどの設定変更を行う。次に，対象パソコンを起動用USBから起動して，新しく用意しておいた証拠保全用および解析用のハードディスクに複製する。複製が終わると，証拠保全用ハードディスクは，ビニール袋などに密封し，証拠として保管する。そして，以後の解析は，解析用ハードディスクを用いて実施する。

　ハードディスクが取り外せる場合は，複製ツールを用いて，複製元から複製先の2つのハードディスクに複製を行う。

　デジタル・フォレンジック調査では，物理的に脆弱なデジタルデータを取り扱うことから，証拠性を確保しつつハードディスクなどの証拠保全対象物に記録されている電磁的記録を複製することが求められている。

　対象物を複製するには，論理コピー[4]による場合と物理コピー[5]による場合の2つの方法がある。ワープロソフトなどアプリケーションソフトで作成したファイルをコピーするときは，通常は論理コピー（ファイルコピー）を行っている。論理コピーは，OSが認識できるファイルのみを複製する。

　一方，物理コピーは，ファイルの領域として割り当てられていないフリースペースを含めハードディスクの全領域のビット列を複製する。フリースペースおよびスラックスペースには，過去に削除されたファイルや，故意に隠蔽されたファイル等が，上書きされない限り残っている可能性があることから，デジタル・フォレンジックの場合は，物理コピーを行う。

　物理コピーは，複製ツールにより行われる。複製元に何らかの書き込みが行われ，デジタルデータが損なわれないように，書き込み防止のための装置またはソフトウェアを用いる必要がある。

　証拠保全では，複製元と複製先のデジタルデータが一致すること，すなわち

4　通常のデータ複製で，ファイルシステムによって管理されているファイルごとにコピーを実行すること。
5　ハードディスクに記録されたデジタルデータを，すべてそのまま複製すること。

同一性を証明することが求められる。デジタル・フォレンジック研究会の「証拠保全ガイドライン」では，ハッシュ値などが推奨されている。

　フォレンジック用の複製ツールを用いると，複製元と複製先のデジタルデータを，MD5またはSHA-256などのハッシュ関数により，ハッシュ値が算出される。ハッシュ値が一致すれば，2つのデジタルデータは，完全に一致していることが数学的に証明される。

(i) 証拠保全

　証拠保全とは，調査対象となるコンピュータのHDDなどの記録媒体に記録されている情報（原本データ）を，別に準備した証拠用HDDに複製することである。こうした証拠保全時における複製のときにはできる限り物理コピーを行う。

　物理コピーとは，データが格納されている部分だけの複製ではなく，セクターごとにHDDの全領域に対しての複製を実施することである。コンピュータの使用者が確認可能なデータ領域以外に，意図的に不正者がデータを隠蔽している可能性や，過去に消去されたデータ等が存在している可能性があり，証拠となる重要データがその部分に隠されている可能性が高いからである。

　また，証拠保全時に作成される物理コピーの形式としては，イメージファイル形式で作成されることが多い。イメージファイルとは，HDD内の全データ領域を任意で指定したファイルサイズごとのファイル群として収集するものである。たとえば，500GBのHDDのデータを2GBごとのイメージファイルとして収集する場合，250ファイル分のイメージファイルが収集される。デジタル・フォレンジックのイメージファイルとしてよく使用されるファイル形式としてはLinux DDイメージやEnCaseイメージ（E01）が挙げられる。

　イメージファイルが用いられる利点として以下の事項が挙げられる。

(ア) ファイル群として収集されることにより収集した証拠データをサーバーなどへ安全に保管することができること

(イ) ファイルの暗号化を行うことにより証拠データに対するセキュリティを強化
できること

(ウ) 圧縮のオプションを使用することにより収集されるデータのサイズを小さく
することで，原本データよりも小さい領域で証拠データを管理できること

(ii) 証拠保全の実務全般における留意点

デジタルデータは揮発性が非常に高く，時間の経過とともに消去，改ざんの
可能性が高くなる傾向を持つ。また，安易な証拠データへのアクセスも同様に
改ざん，消失の可能性を高くする。そのため，証拠となるデータを改ざんさせ
ず，かつ短時間に確保する必要がある。このように法的適合性を持たせたまま，
証拠データを確保する作業を証拠保全という。

調査対象となるデジタル機器を不用意に操作することは，重要な証拠データ
の消失につながる可能性や，証拠の意図的な改ざんを疑われる可能性があるた
め，迅速にデータ収集を行う必要がある。

不用意な操作とはファイルへのアクセスといった直接的な操作だけではない。
たとえばコンピュータなどの起動やシャットダウンといった操作も，HDD内
に記録されている情報の書き換えにつながるため，不用意に行うことは避ける
べきである。

また，データ収集において重要なポイントは，以下の2つに絞られる。

(ア) 主に原本データと複製データの同一性を確保すること

(イ) その同一性を証明すること

原本データと複製データとの同一性を確保するためには，データ収集時に原
本データが書き換わらないようOSを起動させない状態にする必要がある。

具体的なコンピュータにおける例を挙げると，HDDをコンピュータから外
して複製を行うか，特殊なデジタル・フォレンジックの専用OSを用いて起動
させ（収集対象のコンピュータのOSは起動させずに），専用OSがコンピュー

タ内部のHDDを検出し，そのコンピュータのUSBケーブルなどを介して外付けの証拠用HDDに対してデータを収集するか，である。

②　スマートフォンにおける証拠保全

　個人の多くが携帯電話を所有して数十年が経ち，今や通話するだけのツールではなくインターネットや書類の編集やゲーム等，手のひらの中でさまざまなことができるツールとして現代社会においてなくてはならないものになっている。それらの携帯電話をスマートフォンと呼んでいるが，このスマートフォンもフォレンジック調査対象の1つとして必ず取り上げられる。『警察白書』においても，「情報通信技術の普及・進展に伴い，スマートフォン等が犯罪に悪用される事例も多くみられるようになっている」と述べられており，犯罪捜査において原因究明や事実解明を捜査する際もスマートフォンに対するフォレンジックは重要な位置づけとされている。

　また，企業などにおいても，従業員が会社から貸与されているスマートフォンや個人のスマートフォンを使って，フィッシングサイトにアクセスし，その結果マルウェアなどに感染するなどしてサイバー犯罪の被害者となったりするケースや，従業員自身が内部不正に関与した際にスマートフォンを利用していたりするケース等が増えている。そのため，それらが疑われるケースに対してフォレンジックを行い，被害の詳細や経緯等を調査するといったニーズも増えている。

　デジタル・フォレンジックの対象となるデバイスがパソコンからさまざまなデバイスに広がるに従い，その証拠保全が求められるようになってきた。しかし，パソコンの場合と異なり，補助記憶装置の取外しや単独での読出しが容易ではない場合が多く，証拠保全は特殊な技術またはツールを要する。

　代表的な例がスマートフォンである。現在のスマートフォンは多くの場合，主要な外部記憶装置として内蔵するフラッシュメモリが用いられている。このフラッシュメモリ内にOSの挙動に関わるログなどの電磁的証拠が書き込まれるが，このフラッシュメモリだけを取り外す方法は通常存在せず，フラッシュメモリの内容だけを外部に取り出す方法も用意されていない。

　最終的な手段としては，スマートフォン自身を分解してフラッシュメモリを

取り外し，直接特殊な機器を使って読み出すこともできる。しかし，現在のスマートフォンでは補助記憶装置全体にわたり暗号化されており，その内容を判読することが困難である。

(ⅰ)　証拠保全の手法

　スマートフォン本体を分解することなく証拠保全しようとすると，以下のような手法を採らざるをえない。

(ア)　通常のスマートフォン利用操作を通じて可能な限りデータを読み出し，その経過を記録する。たとえば，SNSでやりとりされたメッセージの保全のためには，実際に当該SNSアプリケーションを起動した上でメッセージを読み取ってその経過ごと記録する。

(イ)　スマートフォンのバックアップ機能を用いてその内容をパソコンやクラウドに書き出した上で，フォレンジックツールを用いて解析する。

(ウ)　OSを開発者モードに設定した上で，開発用パソコンを接続し可能な限りデータを直接抜き出す。たとえばAndroidの場合，開発者向けに提供されているadbと呼ばれるツールを用いることにより，内部のファイルの読み出しをある程度行うことができる。

(エ)　OSの脆弱性やブートローダーの書き換えを通じて特権モードを得て，証拠保全用のソフトウェアを本体に導入し，ファイル全体を保全する。なお，特権モードを得る手法はiOSではJailbreak，Androidではroot化と呼ばれている。

　証拠保全を行うためには，本体のロック解除のためにスマートフォンの使用者の協力を得る必要があり，状況によっては困難を伴う。また，OSの特権モードを得ることは，一般にはスマートフォンの製品保証を無効にする行為である。さらに，いずれの証拠保全も，厳密には証拠保全によってスマートフォン上のデータが変化し，原状が維持できない。

　このように，スマートフォン本体の証拠保全は標準的な技術が確立しておらず，状況に応じて可能な限り原状を維持しつつ，通常の使用操作に沿ってその

内容を可能な範囲で取得することで行うことが多い。

　この他，スマートフォン以外にも，音声ICレコーダ，家電，ネットワーク機器，各種IoTデバイスにおいてフラッシュメモリが補助記憶装置として使われている。これらに関する証拠保全の手法に統一的な手法はないが，音声ICレコーダやデジタルカメラ等，一部のデバイスにおいてはUSBインターフェースなどを通じてUSBメモリのように扱える場合があり，通常の補助記憶装置同様の証拠保全を行うことが可能である場合がある。

(ii)　保全の留意点／通信の遮断

　証拠保全に先立ち，調査対象となるスマートフォンを回収する際の留意点の1つに通信の遮断などが挙げられる。たとえば，マルウェアに感染したパソコンなどへの対応については，これ以上の被害拡大を防止するといった目的などが考えられるが，ここで触れているスマートフォンに対する通信遮断の目的としては，調査対象となるスマートフォン内に記録されているデータへの影響の極小化が挙げられる。

　たとえば，後の調査で通話履歴や電子メールの送受信履歴等を調べるといった場合に，通信を遮断していなかったばかりに電話の着信があったり，新たな電子メールを受信したりと，現存しているデータへの追記が行われることで，証拠として重大な影響を及ぼすことが考えられる。また，マルウェアや遠隔操作が可能なアプリケーション等が動作している場合，サイバー犯罪者などから何らかの指令を受けてフォレンジック調査を困難にする，といったリスクを回避するといったことも目的の1つである。

　通信遮断の方法としては，SIMカードを抜く方法，電波遮断用袋といった専用の機材を用いる方法や，スマートフォン自身が有する機内モード（フライトモード）の設定を有効化するといった方法が挙げられる。

　SIMカードを抜く際，スマートフォンによってはセキュリティ機能によって画面ロックが有効となり，パスコードなどの入力などが求められる場合がある。そのため，極力，電波遮断袋などを利用するか，機内モードの設定を有効化するなどの方法をとることをお勧めする。機内モードの設定を有効化する場合，スマートフォンによっては現在の通信中の機能へ影響を与える可能性を踏まえ

るとともに，スマートフォンの設定変更を行うことになるので，後々のことを
考慮して同操作を行った旨の記録をとることを推奨する。

　また，パソコンなどに対するフォレンジック調査の際，対象パソコンが電源
ONの場合には，画面に表示されている状況を接写したり，必要に応じてメモ
リダンプを採取したりするなどの上で電源をOFFにして，パソコンを回収（押
収）することになる。

　しかしスマートフォンの場合，電源OFFの状態から再び電源ONにするとき
に，スマートフォンの種類によっては，セキュリティ機能のためにパスコード
などの入力を求められるため，不用意に電源をOFFにすることは避けるべき
である。

3　本格調査段階

　本格調査段階では，初期調査段階の証拠保全で取得した対象機器のデータを
解析・分析していく段階になる。

- データ復元
- メールデータの展開などの解析
- 外部接続機器やインターネットなどの履歴解析
- ExcelやWordなどオフィスファイルなどのファイルアクセス履歴の解析
- パソコンの起動履歴の解析
- アプリケーションの解析
- ログの解析・分析

以上の手続をその事案に沿って行うことになる。

(1)　コンピュータの場合

①　解析による情報の抽出

　解析の段階では，フォレンジックツールに組み込まれているビューアーを用いて，文書，会計データ，電子メールといったアプリケーションソフトにより作成されたファイルの内容を確認し，事案に関連するファイルを抽出する。

　削除されたファイル，拡張子とファイルヘッダーが異なるファイル，暗号化されたファイル等，隠蔽されたファイルの復元を行い，内容を確認した上で，事案に関連するファイルを抽出する。

　パソコンの過去の使用履歴，たとえばアクセスしたファイル，ダウンロードしたデータ，USB端子に接続した外部記憶媒体，インターネット閲覧履歴，銀行へのアクセス履歴等，時系列に再現し，対象者の行動を確認することができる。最後に，解析結果をまとめた調査報告書を作成し，終了する。なお，デジタル・フォレンジックの実施過程において行ったことは，完全に，正確に，包括的に記録することが必要である。

②　同一性の証明

　次に，同一性を証明するためにはハッシュ値を使用する。デジタルフィンガープリント（電子指紋）とも呼ばれるハッシュ値は，デジタルデータの同一性を確認するために使用される値のことである。

　データ収集時に原本データと収集した複製データのハッシュ値を算出し，お互いのハッシュ値が同一であることを記録に残すことにより，原本データと複製データの同一性を証明することができる。また，データ収集後の分析・報告フェーズにおいても証拠となる収集データを一切書き換えることなく分析していることを証明するためにもハッシュ値を用いる。

(2)　スマートフォンの場合

　スマートフォンを対象にしたフォレンジック調査においてよく誤解されるのがその証拠保全手法である。

　従来のパソコンやサーバー等に対するフォレンジック調査においては，その調査の対象物はパソコンなどに内蔵されているハードディスク（SSDも含む）であり，調査に先立ち，ハードディスク複製装置（ハードディスク・デュプリケータ）といった証拠保全専用の機器を用いてハードディスクの物理複製（コピー）を作成したり，その他，証拠保全が可能なツールなどを用いてディスクイメージの作成などを行ったりする。

　そのため，こういった証拠保全を行うためにはパソコンなどに内蔵されているハードディスクの取り出しを行う必要がある。もしくは，Live Linuxなどの媒体からの起動を行った上で証拠保全を実施することになる。しかし，スマートフォンに対しても同様の手法による証拠保全ができるかというと，非常に困難であるといわざるをえない（P207参照）。

(3)　データ復元

　それぞれの機器の解析や分析を説明したが，ここでは本格調査段階において最初のステップになる復元について一般的な概要を説明しておく。

①　データ削除と復元の意味

　数十年前は，デスクトップ上にあるゴミ箱のアイコンにファイルを移動さえすれば，削除できると思っている人が多かった。しかしそれは，ごみ箱というファイルにただ移動しただけで完全に削除されたことにはならない。フォレンジックの観点からみてもそれは削除済みデータではない。

　ゴミ箱からファイルを出して再度，開いたり，文章を読めたりでき，これを復元と表現していた。さすがに昨今では，そのようなことはあまり聞かなくなった。それでもほとんどの人が，コンピュータからファイルを削除するとす

べてが消去されると思っているが，それは勘違いである。削除済みデータとはコンピュータ上でファイルを確認することができない状態になったデータのことである。

　ファイルシステム上において，ファイルはファイルの管理情報とデータ本体とを分けて管理している。ユーザーがファイルを削除しても実際のファイルはまだそこにある。ファイルシステムがファイルの目次をディスク上に保持しており，目次が削除したはずのファイルを無視するだけである。

　ファイルが削除されると管理情報に削除済みフラグが立ち，該当するファイルが削除されたことを示す情報が付与される。削除されたファイルの管理情報が記録されていた領域やデータ本体領域は，その後，新たに作成されるファイルによって再利用が可能な状態となる。ファイルがまだそこにあると表現したのは，こうした理由による。

②　データカービング

　データ復元の基本は管理情報に記録されている削除済フラグから削除ファイルを検知することである。ところが，データ本体は他のファイルのデータ本体によって上書きされていないにもかかわらず，先に管理情報が別の新たなファイルによって上書きされてしまうケースがある。このような状態の場合は，削除済フラグを検索してもデータを復元することはできない。

　この状態で行う復元の方法がデータカービングという技法である。ファイルのデータ本体にはデータの種類を識別するためのヘッダやフッタといった重要な情報が記録されている。データカービングは，このヘッダ部分に記録されている重要な情報を記録媒体の全体領域から探し，そこから強制的にデータを切り出して復元する技法である。

　データカービングは，ファイルの管理情報がなくてもデータ本体を直接解析して復元する技法であるため，ファイル名がない状態でデータ本文だけが復元される。

(4) 分析および解析

　無事に削除済データが復元されて，文字として読めるもの，読めないもの，開くもの，開かないもの，現存するデータ，履歴，プログラムファイルなど，さまざまな情報がフォレンジックツール上に膨大なデータとして出そろった状態になった。ここからデータ解析や分析の作業に入っていく。

① 心理的思考回路の理解／分析のゴール

　目的の情報を探し出すには，出そろったデータを多角的に分析していくことになる。分析する手段の1つとして人の行動や心理的な思考回路を理解することが助けとなる。フォレンジック調査にとっての必要な能力は，対象者の行動や心理を想像し，理解する力である。対象者を知ることで，調査対象者が不正を行った経緯や理由を理解することができる。調査対象者が不正に至るまで何を考えて，どのように行動したかを理解することによってデータ上で仮説を立てながら再現分析をすることが可能となる。

　一見，デジタル・フォレンジック調査とはかけ離れている調査対象者の行動を理解することによって，膨大な電子情報の中にある有用な情報や，さまざまな履歴，メールなどのつながりが浮かび上がり，証拠や有用な情報を導くことができる。まさに点と点を結んで線にし，線と線をあわせて面にしていく膨大な作業になる。

　このように調査には膨大な電子情報の解析と分析が必要になってくる。そのため，いくつかの解析ツールを使いながら分析を進めていかなければ時間とコストの無駄遣いになる。いかに効率よく多角的に分析できるかが重要な要素でもある。それには何をゴールとするかをしっかり見極める必要がある。

② サイバー攻撃

　サイバー攻撃であれば，時系列的にインシデント事案を分析していくことが大切である。

> ● 不正アクセスされた日時はいつなのか。
> ● その時間帯に何が動いていたのか。
> ● その日は誰が何をしていたのか。
> ● その後，攻撃者は何をしたのか。
> ● マルウェアが設置された時間はいつなのか。

以上の事項を時系列に分析して起こったことを整理していく。

③　機密情報の持出し

　従業員の機密情報持出し調査であれば，時系列ではなく内容がより重要である。

> ● どのような内容の機密情報を持ち出したのか。
> ● どのような手法を使って機密情報を持ち出したのか。
> ● 誰か他の関与者がいたのか。
> ● その後，その機密情報をどうしたのか。

以上の具体的な内容を深掘りして分析することになる。

④　多様な解析方法

　ファイルシステムのタイムスタンプ情報やレジストリなどを基に過去の事象を時系列に整理するタイムライン解析やそれを使いながら分析していく相関分析，漏えいの内容やメールの内容などを調べていく内容解析など，その時々に応じた解析や分析手法を用いて定めたゴールに最短かつ正確に行うことが必要とされる。

　注意点としては昨今のマルウェアではタイムラインを改ざんするものや消去してしまうものも現れていることである。

4 報告段階

(1) コンピュータおよびスマートフォン

　報告段階では，対象機器がコンピュータであれ，スマートフォンであれ共通していえるのが収集した証拠に関する事実を，明確かつ簡潔にまとめた概要から始めなければならない。先にも記したが，報告書の内容は公平であること，客観的であること，真正であること，理解可能であることが絶対条件である。対象者のパソコンから正しく，デジタルデータを収集し，改ざんされていないということを，裁判官・ステークホルダーたちが信じるに足る客観的事実を担保しておかなくてはならない。

　検証・分析の経緯についても丁寧に記録を残し，証拠能力を補完するようにすべきである。

① 報告書の目的

　まず，概要の目的は，裁判官やステークホルダーに対し，収集した証拠および証拠によって導かれた結論に基づいて，全体像を提供することにある。その後の内容で詳細を書き加えていく。

　デジタル・フォレンジック調査で得た情報や証拠などのすべてを記載しては，プリントアウトした時に大量の紙の報告書ができあがり，持ち運びすら難しいだろう。報告書は調査で得た証拠の提示にあたってバランスを考えなければならない。

　つまり，関連する証拠はレポート上で整理されていなければならない。

　報告書を作成する際には調査報告書の重要性を理解した上で，誰が読んでもわかりやすいレイアウトと体裁にする必要があり，訴訟支援の報告書と技術報告書の違いを明確にすべきである。必要であれば補助的な資料も用意することが大切である。

　基本的にはデジタル・フォレンジックのステップ・バイ・ステップを明確に

記録し，過去に提出した報告書を利用して内容を整理して組み立て，一貫性を保つことで読みやすく，文章に説得力をつけることができる。

　企業によってはOSやファイルシステムによるデータ管理の仕組みや，企業におけるセキュリティ運用等が要因となり，コンピュータ上に情報が残りがたくなってきており，調査項目に対する結果として，明確な情報や痕跡を発見できない，あるいは判明するには至らないことも多い。そのような状況の場合は，「何を，どこで，どのようにして」その結果を導いたのかを詳細に説明できるよう，また納得できるように考慮しなくてならない。それには初期調査段階から網羅的にかつ多角的に情報を分析し，記録しておくことが重要である。また表現方法も工夫すべきだろう。

②　伝聞だけで報告書は作れない

　時折，企業から「社内調査をして何もなかったから簡単でいいので報告書だけ書いてほしい」という依頼がされる。第三者機関としての位置づけでデジタル・フォレンジック調査の専門会社のお墨付きがほしいのだろう。

　しかし，伝聞だけで報告書を提出することはできない。1からフォレンジック調査を行い，第三者的に本当に何もなかったのかを解析しなければ報告書を書くことはできない。それほど報告書は重要であり，クライアントや対象者の将来を左右する大切な文書であると認識しておく必要がある。

5　ネットワーク・フォレンジック

　ネットワーク・フォレンジックについては，パソコンやスマートフォンと同列に説明するのが難しいため，その位置づけ，目的，対象の種類などとともに，調査方法をまとめて説明する。

(1)　ネットワーク・フォレンジックの位置づけ

　ネットワーク・フォレンジックは，コンピュータネットワークにおけるトラ

フィックの監視および分析に関するデジタル・フォレンジック領域の1つである。

　情報システムの設備・ハードウェアを自ら保有および保守・運用するオンプレミス[6]から，在宅勤務の推進，節電，コスト削減，業務効率化等のためにクラウドに移行する企業が増加している。しかし，これはデジタル・フォレンジックの観点からは，自組織で直接管理できるコンピュータが少なくなることを意味する。そのため，インシデント発生時におけるコンピュータからの証拠保全が困難になるか，不可能に近い領域が発生することになる。こうした状況を受け，インシデント発生を想定し，ネットワーク上で流れるトラフィックを取得・保全し，監視・分析する必要が出てきている。

⑵　コンピュータ・フォレンジックとネットワーク・フォレンジックの違い

　コンピュータ・フォレンジックとネットワーク・フォレンジックでは，調査対象となる証跡・ログの場所や特性が大きく異なる。

　コンピュータ・フォレンジックは，コンピュータ上で動作するソフトウェアにより必然的に発生するファイルやデータの変化（証跡）や，開発者や運用管理者が設定等により記録されるログなどのシステム上に残存する情報を調査対象とする。

　たとえば，一般的なパソコンは，セキュリティを意識した設定をしなくても，ある程度の証跡やログが残存する。

　ネットワーク・フォレンジックは，コンピュータ間のネットワーク上で流れるトラフィックデータの一部を取得，保存，蓄積する仕組みによって情報を調査対象とする。たとえば，パソコン自体にトラフィックデータは残らないため，事前にセキュリティを意識した設定が可能なネットワーク機器にトラフィックデータに関わるログを残す必要がある。しかし，最近の暗号通信の進展によりネットワーク機器に残存する調査可能なログはわずかである。

6　システムの稼働やインフラの構築に必要となるサーバーやネットワーク機器，あるいはソフトウェアなどを自社で保有し運用するシステムの利用形態。

(3)　ネットワーク・フォレンジックの目的

　ネットワーク・フォレンジックの主な目的は，実施者が担当するネットワークシステム領域における以下の事項である。

---

①　状況認識のための情報収集
②　事実認定に備えた証拠の取得・保全
③　セキュリティ対策のための侵入検知

それぞれを以下に解説する。

　「状況認識のための情報収集」は，コンピュータ・ネットワークに対する脆弱性検査やペネトレーションテスト（既知の手法を用いた侵入可否テスト）の一環で行われることが多い。しかし，経年にわたって拡張されたコンピュータ・ネットワークにおいて不明瞭になった構成管理や資産管理を整備するために行うこともある。

　「事実認定に備えた証拠の取得・保全」は，取得・保存・蓄積されたトラフィックデータを分析して，証拠能力（訴訟において証拠方法として用いることのできる資格）を得て，証明力（証明すべき事実の認定に役立つ程度）を確保するために行われる。

　具体的な作業の例として，トラフィックデータから抽出した断片的な転送ファイルの再組み立て，タイルの再組み立て，キーワードの検索，電子メールやチャットのやりとりから人間同士のコミュニケーションの解析などがある。

　「セキュリティ対策のための侵入検知」は，悪意ある第三者による不正アクセスや不正プログラムの感染等により発生する異常トラフィックを検知することであり，コンピュータ・ネットワークを継続的に監視することが前提にある。最近は，侵入したコンピュータ上に証跡やログを残さない手口が発達しているため，ネットワーク・フォレンジックの分析で得られた結果が唯一の証拠になることがある。

⑷　ネットワーク・フォレンジックの基本的な流れ

　ネットワーク・フォレンジックの基本的な流れは「OSCAR」と呼ばれており，以下の5ステップが特に重要である。

---

① 情報の収集（Obtain Information）
② 戦略（Strategize）
③ 証跡・ログの収集（Collect Evidence）
④ 解析・分析（Analyze）
⑤ 報告・報告書作成（Report）

---

①　情報の収集

　調査開始にあたり，インシデント内容と発生したネットワーク環境に関する情報を入手する必要がある。また，その事象に対してどのシステムとデータが影響を受けたのか，どのような緊急措置をとったのか等を確認する。

- 何が起こったかの説明（現在わかっていること）
- インシデントの発見日時や方法
- 関与した人物
- 関係するシステムやデータ
- インシデント発覚後の対応と措置
- 社内議論の概要
- 法的な問題点
- 調査／復旧／解決のための時間枠
- 目的とゴール

---

②　戦　略

　調査の目標を明確にし，事故処理のプロセスを計画することが肝要である。効率的かつ効果的にさまざまな種類の証拠の収集に優先順位をつけることが重要である。

　ほとんどのネットワーク証拠は揮発性が高く，一定の時間が経過すると利用できなくなってしまうことがある。

- ●揮発性の高い証拠を確保するためのすばやい戦略の決定
- ●各調査にかかる概算時間の理解
- ●利用できる資源（人員，時間，設備など）のリスト化
- ●有用な証拠を持つ機器等の見極め
- ●機器から証拠を得るためのコストの推定
- ●入手する証拠の優先順位
- ●第一段階の証拠の入手／解析計画の立案

---

③　証跡・ログの収集

　前項のステップで得た証拠を基に入手方法を計画する。そしてその計画に基づいて，各証拠元から証拠を収集する。

(ⅰ)　優先順位に従って証拠を収集する
- ●できるだけ早くかつ合法的に取得する
- ●信頼できるコピーを作る（必要に応じて暗号化）
- ●オリジナルを隔離し，管理とアクセスを制限する

(ⅱ)　基本的にコピーを解析する

(ⅲ)　解析には評判のよい信頼できるツールを使う

(ⅳ)　証拠入手時の注意点
- ●証拠を集めるにあたってシステムへのアクセスやとった行動のすべてに対して，注意深く記録を取る

(v) 証拠収集作業のミスを検証する
- 証拠自体となる物を保存し，余計なものを保存しない
- 証拠管理の連鎖が保存されるようにする

④ 解析・分析

解析に欠かせないのが，複数の証拠を関連づけることである。多くの場合，証拠にはログファイルやパケットキャプチャが含まれる。

タイムスタンプやIPアドレスは，異なる性質の証拠になり，それぞれの情報を関連づけることでインシデントの時系列を作成することができる。誰が，いつ，どのシステムで，何をしたかを特定し，より証拠を確定的なものにする。

- 相関性：複数のソースからの情報の相関を確認（タイムスタンプなど），時系列の構築，重要イベントの確定
- 確証　：複数の証拠により信頼度を高める
- 解釈　：仮説を立て，証拠の意味の評価，追加の潜在的な証拠を探索，収集・解析の繰り返しによる証拠の強化

⑤ 報告・報告書作成

調査で得た情報や事実などの時間と労力をかけて実施した情報も，その結果を人に伝えることができなければ意味がない。

報告書は，読み手にあわせて作成する必要があり，技術者のような専門家でない者が理解できるようにする。

セキュリティ・インシデントで何が起こったのか，その原因や事実をどのように証明できるのかを幅広く第三者に説明できることが重要である。

(5) ネットワーク・フォレンジックの課題

ネットワーク上のトラフィックは膨大であるため，すべてを取得あるいはパ

フォーマンスを下げずに取得することは困難である。また，トラフィックデータは，暗号化，スプーフィング（なりすまし），プロキシ（中継）等により，ログの収集・処理および分析に限界がある。

ネットワーク上のトラフィックは，さまざまなツールで取得することができるが，ネットワーク・フォレンジック実施者が期待する証跡情報の抽出・特定に必要なトラフィックデータのすべてを取得することは非常に難しい。

トラフィックにSSLやVPN等の暗号措置が施されていた場合，データストリームを得ることはできないため，IPアドレス，ポート，データ長の情報を頼りにログの収集・処理および分析をする必要がある。

トラフィックの経路上でスプーフィングや，プロキシがされていた場合，悪意のある者のコンピュータのIPアドレスを特定することが困難になる。

ログの収集・処理の勘どころは，さまざまな観点に基づくトラフィックデータの関連づけである。分析の勘どころは，ログに含まれているIPパケット構造に紐付く情報，ファイルの再現，ユーザーエージェント，ソフトウェアバージョン等をキーとした挙動プロセスを見出すことである。このときに使用するツールには，モニタリング（取得を含む），蓄積保存，抽出・集計等の種類がある。

トラフィックデータの関連づけは，特定あるいは処理した各データに対して，相関関係（一方が変化すれば他方も変化すること），因果関係（原因と結果／連続した相関関係），時間関係（周期，集中，偏差）等の観点で行う。

ログの収集・処理でよく行われる作業は，PCAPファイルと呼ばれるフラフィック上のパケットを記録したデータを使用し，IPパケット構造に紐付く情報（IPアドレス，プロトコル，ポート番号等），タイムスタンプ，ユーザーエージェント，ソフトウェアバージョン等をキーとした検索や処理を行う。

分析でよく行われる作業は，IPパケットそのものに着目した評価（通常であるか否かの判断）や再現したファイルの内容確認等である。ネットワーク・フォレンジックの調査ツールの主な機能は次のとおりである。

●ネットワーク・トラフィックのキャプチャおよび分析

- ネットワークのパフォーマンス評価
- 異常なトラフィックおよびリソースの不正使用の検知
- 使用されているネットワーク・プロトコルの特定
- 複数のリソースからのデータの統合
- セキュリティの観点に基づく調査（インシデント対応を含む）

6　企業・組織におけるフォレンジックの内製化

　コンピュータ／ネットワーク・フォレンジックや監査などを行う仕組みは，ほぼすべての組織に必要である。このような仕組みを持たない組織あるいは持てない組織は，システムやネットワークの中で機密データなどがどのようにして漏えいしたのか，被害範囲の特定，原因を究明するのが困難になる。そのため，どのようにしてインシデントが起こるのか，なぜ起こるのかがわからないので，インシデントが起きやすくなる。また，何度も再発してしまう。このような仕組みを行う組織は以下で延べる。

(1)　調査担当

　組織内部の調査担当者は，企業規模が大きければコンプライアンス部，法務部，人事部などが挙げられる。また，そのような部署がない場合は人事部や総務部が担当する場合がある。事案の種類によって同じ会社内でも部署が変わってくる。

(2)　IT担当

　規模によって異なるが，情報システム部門や総務部に所属しているITサポートスタッフや，システム，ネットワーク，およびセキュリティの各担当者が含まれる。IT担当者は，日常業務（監視，トラブルシューティング，データ復旧など）の中で，各自の専門分野固有の少数のフォレンジック技法およびツー

ルを使用する。

(3)　CSIRTの担当

CSIRT（Computer Security Incident Response Team）がある企業は非常に少ないが，何かセキュリティ・インシデントが起こったときには彼らが担当窓口となる。不正なデータアクセス，システムの不適切な使用，悪意のあるコードへの感染，サービス運用妨害攻撃など，さまざまなコンピュータ・セキュリティインシデントに対応する。

多くの組織は，フォレンジック調査の実行に自組織のスタッフと外部機関を併用する。

標準的な作業は内部で実行する。しかし，第三者機関からの意見や報告などが必要な場合や技術的に要求水準の高い作業が生じた場合は，外部に委託する。

各組織は法執行機関の当局者によって行われるべき措置をあらかじめ決めておく必要がある。また，訴訟手続のために専門家の証言が必要な場合，各組織は外部の支援を求めることがある。

(4)　フォレンジック専門家

フォレンジックを行う者は属するグループに関係なく，フォレンジックの原則と実践事項を理解し，正しい手続に従う必要がある。

データの機密性とプライバシーの懸念から，外部の者にハードディスクのイメージを取得させなかったり，データにアクセスできる措置に前向きでなかったりする組織もある。

たとえば，フォレンジック調査対象のシステムに，個人情報である保健医療情報，財務記録，その他の機密データが含まれていることもありうる。その場合，データのプライバシーを保護するために，そのシステムを組織の管理下に置くことも検討しなくてはならない。

一方，対応チームのメンバーが当該インシデントに関与している疑いなど，チーム内部にプライバシーの懸念が生じる場合は，独立した第三者がフォレン

ジック調査を実施することが望ましい。

⑸　インシデント対応担当のスキル

　インシデント対応担当者はCSIRTとして常に新しいフォレンジックの技術，技法，および手続の動向を把握している必要がある。

　セキュリティ・インシデントが発生する前提で対応可能な体制を構築していなくてはならない。その上で，事案発生時には，社長や経営陣とホットラインで迅速かつ正確にエスカレーションし，行動しなければならない。

　状況によっては承認を待つこともできない状況があるかもしれない。そのため，ある程度の権限をもって組織を動かし，組織のインフラを遮断する可能性もある。また，外部専門業者や警察やクライアントの窓口になることもある。

　また，フォレンジック作業を実行する担当者はフォレンジックの原則，ガイドライン，手続，ツール，技法だけでなく，データを隠蔽したり破壊したりできる反フォレンジックツールや反フォレンジック技法についても，妥当な範囲の総合的な知識を持つ必要がある。

　社内調整や技術的にどのような支援を求めるかなど，迅速な状況判断ができるスキルが必要となる。

　それには常にインシデントを想定したトレーニングや平時より他部署との連携をとっておくようなコミュニケーションスキルも必要になってくる。

　その他，たとえば，調査の結果が裁判所で使用される場合は，法廷での証言や，調査結果の裏づけを求められたりすることがある。

　平時からフォレンジックツールの使用法やその他の技術や手続について，知識を習得・更新することが大切である。

⑹　他部署や外部組織との連携

　組織の中で使われるあらゆる技術（すべてのソフトウェアを含む）について，1人の人間がすべてに精通することは事実上不可能である。したがって，フォレンジック調査を行う者は，追加的な支援を得るために，必要に応じて組織内

外と連携できる環境を整えるべきである。

　組織全体のIT担当者，特にインシデント対応担当者やインシデント初期に対応する者が，フォレンジックに関する自分の役割と責任についてしっかり理解できるよう，各組織は体制を整えることが肝要である。

　その上で，フォレンジック関連のポリシー，ガイドライン，および手続に関するトレーニングや教育を継続的に受けさせなくてはならない。また，責任を負う技術がインシデントやその他の事象に含まれる場合に，協力・支援できる体制と環境を整えるべきである。

(7)　フォレンジックに関するコスト

　フォレンジックに関する潜在的なコストは，データの収集と解析に使用するソフトウェア，ハードウェアなどがある。また，ハードウェアには購入価格のみならず，それに関するソフトウェア，その更新とアップグレード，保守などが必要となる。

　また，これらを保護するために追加の物理的セキュリティ手段が必要になることもある。このほかにかかる費用には，スタッフのトレーニングや作業のコストに関するものがある。

　一般に，ごく稀にしか必要とされないフォレンジック措置は，外部スタッフに委託したほうが費用対効果が高い可能性がある。一方，頻繁に必要とされる措置に対応するには内部で行うほうが費用対効果がよい可能性がある。

　対処時間の視点で見ると，現場に職員が常駐したほうが，迅速にコンピュータ・フォレンジック活動を開始できる可能性がある。関係施設が地理的に分散し遠隔地にある場合，当該施設の近くにいる非常駐の外注業者のほうが，組織の本部にいる職員より迅速に対応できる可能性がある。

7　eディスカバリー

　デジタル・フォレンジック技術を用いた訴訟手続の１つに少しだけ触れてお

きたい。それは米国民事訴訟における e ディスカバリー制度についてである。

「e ディスカバリー（eDiscovery，Electronic Discovery）」とは，民事訴訟の手続において，訴訟に関連する電子データやコンテンツ（ファイル）をすべて自分で収集し開示することを規定した電子証拠開示制度のことである。

米国では以前から民事訴訟の原告と被告が互いにあらゆる証拠の開示を求めることができる開示手続（ディスカバリー，Discovery）の制度が厳格に運用されていた。2006年12月の連邦民事訴訟規則の改正により，e ディスカバリーが導入された。

これは，米国を拠点とする企業に限られた話ではなく，日本に拠点がある企業にも適用されるため，e ディスカバリー制度への対応を誤ると，膨大な罰金が科せられる場合もある。

もし，対象となった日本企業がデータやコンテンツを国内のサーバーに保存しているとしても，それらのデータも提出しなければならず，かつ英語翻訳の必要もある。

データ提出が不適切な場合は厳しい処分が科せられる場合もあるが，日本の企業は e ディスカバリーに関して知識が不足しており，対策が遅れているといわざるをえない。

e ディスカバリーの範囲は，e メールの他，Wordなどの文書ファイル，シンプルテキストファイルやインスタントメッセージのチャット，プレゼン資料，スプレッドシート，CAD，画像データ，バックアップデータ，各役職員のパソコンや外部記録媒体に保存された情報など，非常に多岐に及ぶ。また，日本本社のサーバーや第三者が運営するデータセンターに格納された情報も対象となる。

この手続では，一方の当事者は相手方に対して，裁判で証拠となりうる非常に広範囲の情報や資料，証言の開示・提供を求めることができる。相手方はこれを拒絶できず，短期間に膨大な情報を漏れなく収集し，しかも，変更や消去をしないまま開示・提供しなければならない。違反すると，罰金など厳しい制裁が科されるばかりか，その後の公判でも不利な取扱いを受けかねない。

【図表4】 The Electronic Discovery Reference Model
　　　　　（電子情報開示参考モデル）

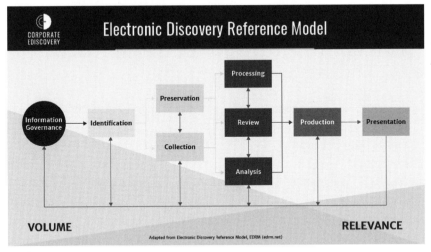

(出所) https://zapproved.com/blog/what-is-the-edrm/

8　デジタル・フォレンジックにおける事例

デジタル・フォレンジック調査について，国内・国外の事例を紹介する。

(1)　事例1：経理担当の横領

　S氏は従業員30名ほどの会社の経理担当をしていた。勤続年数は約7年で，社長や取締役や他の社員からも信頼も厚かった。信頼を得ていたからか，人件費の捻出が難しかったからか，経理担当はこのS氏のみで業務を行っていた。
　同社は取締役に内容等を申請すれば印鑑を借りて書類に捺印できる状況だった。
　そこでS氏は印鑑を借りた際，自ら用意した白紙の払戻請求書に捺印し，そ

の払戻請求書を銀行へ持ち込み現金を引き出して着服していた。

　隠蔽工作としては会社で購入した材料や仕入費用を水増しして計上し，引き出した現金は材料費購入で計上した買掛金の支払として処理をしていた。

　発覚の原因はS氏が退職した後に投稿された内部通報からだった。

　発覚後にS氏が使用していたパソコンを見るといつも使っている会計ソフトが見当たらず，削除されているようだった。

- 調査対象物
　S氏が使用していたデスクトップパソコンの1台
- 解析項目
　証拠保全，弥生会計ソフトの復元と解析，メールの復元と調査

【デジタル・フォレンジック調査の観点からの注意点】

　フォレンジック調査を行った結果，複数のメールのやりとりから下請業者の1社と結託していたことが発覚した。

　本ケースの注意点としては，退職した従業員が使用していたパソコンをどのように運用しているかという点である。

　退職者が使用していたパソコンを初期化したり他の従業員へすぐに渡したりせず，パソコン内のデータを保管しておくと削除されたとしても復元しやすい。また，有事になった場合にデータを保管した時点に戻ることができるので事実確認の有用なデータになる。

　デジタル・フォレンジックの観点からすると，定期的なセキュリティ監査や退職後のデジタル・フォレンジック調査など，平時から施策を講じて抑止力を高めることが大事である。

---

(2)　事例2：取締役の背任行為および機密情報の流用

　対象者は7名おり，そのうち取締役1名が競合会社Bと結託して顧客情報や営業情報などの企業の機密情報を流用していたことが取引先からの連絡で発覚

した。

まず7名のうち，4名がA社を退職して競合会社Bを設立した。それから数カ月経った頃に2名が退職した。その後，取引先から「A社と同じ資料のフォーマットを使っているようだ」との連絡があった。それを受け，ざっとA社内で調べたところ退職した6名は営業秘密などを持ち出していることが発覚した。

6名のパソコンをデジタル・フォレンジック調査することになった。各対象者が使用していたパソコン6台のうち1台が初期化されていた。この初期化されたパソコンから有用な情報を得ることができた。フォレンジック調査の結果，削除済みのメールのやりとりから把握していなかった7人目の人物の関与が明らかになった。7人目の対象者はA社の取締役をしている人物だった。

さらに，6人が在籍している競合会社Bのメールアドレスから，この取締役にメールが送られていることが確認された。この取締役は常に同社の機密情報を秘密裏に競合会社Bに送っていたことが明らかになった。

このため，この取締役のパソコンを解析することになった。ただし対象者は在籍していたので，秘密裏に証拠保全を行う必要があった。

そこで，対象者も含むすべての従業員が会社を退社したところを見計らい，A社の社長に案内され，深夜に対象者のパソコンデータの証拠保全を行い，早朝に作業を終えすべて原状回復した後にデータを解析した。その結果，対象者自身が競合会社Bのメールアドレスを取得していたことがわかり，それを使ってやりとりしているメールが1通，復元された。また，本文は文字化けしていたものの送信先のアドレスが，競合会社Bのものとおぼしきメールも確認された。

- 調査対象物
  対象者7名が使用していたパソコン7台
- 解析項目
  証拠保全，メール復元および解析，WEB閲覧履歴の復元および解析

【デジタル・フォレンジック調査の観点からの注意点】

> 　本件では初期化済みのパソコンを解析して証拠性が強いメールが確認されたということも印象深いが，在籍中の取締役のパソコンの証拠保全の作業を現地で秘密裏に実施するという最も慎重に行った作業であった。
>
> 　まず，基本的に対象者は「自分が何をしているか」は理解しているはずである。心理的には日々，自分がやっていることがバレないだろうかと心配するあまり細かなところまで気がつくようになっている。たとえば，「机の上の状態が昨日と少し変わっている」や「椅子の向きが違う」など些細なことに敏感になっているので細心の注意を払いながら対象者の机から対象パソコンを移動させて保全作業を行い，元に戻さなければならない。
>
> 　一方で夜中の作業中に従業員が会社に出勤する可能性もある。こういった状況下では常に緊張感をもって証拠保全を行い，時間内に作業と原状回復を完了しなければならない。

(3)　事例3：機密情報の漏えい

　人材派遣会社Yの営業担当A氏が退職し，競合他社へ転職した。

　その後，約半年後に派遣登録している登録者Bから投稿による内部通報があった。

　内部通報によると，以前勤めていたA氏から引き抜きの電話連絡があったとのことだった。登録者BはA氏が退職した後に登録をしたので，Bの携帯電話番号は知らないはずである。そこで，A氏によくよく尋ねるとY社にいたと伝えてきた。

　登録者情報が漏えいしている疑いがあるため，Y社は自社内にいるITに詳しい社員を使いA氏が使用していたパソコンを調べた。その結果，A氏が在籍中に，現在も在籍しているA氏の元部下X氏に宛てたメールが見つかった。そこには競合他社に転職する旨が書かれたメールが確認された。

　そこで，同社はX氏のパソコンを調べることにした。X氏のパソコンを調べている際にX氏は自身の個人アカウントであるGmailを会社パソコンで使用していることがわかった。そこで同社は個人アカウントにログインし，メールを

調べた。その結果，X氏が競合他社に転職したA氏に登録者名簿と取引先名簿を送る内容のメールが確認された。

　そこでY社はデジタル・フォレンジック調査を依頼し，より深く解析することとした。

- ●調査対象物
　A氏が使用していたパソコン1台
　X氏が使用しているパソコン1台
- ●解析項目
　証拠保全，メール復元および解析，WEB閲覧履歴の復元および解析，外部接続機器の使用履歴の復元および解析，ファイルアクセス履歴の解析

【デジタル・フォレンジック調査の観点からの注意点】

　本件では明らかに機密情報をA氏に流していることがわかる。

　ただしここで注意すべきは，そのメールの証拠が個人のアカウントから確認した情報であるということである。これはX氏の許可なく個人のアカウントにログインして調べた情報であり，不正アクセスになってしまう。

　デジタル・フォレンジック調査を行うときの注意点の1つとして，その対象物や対象のデータは個人の所有物か否かをしっかりと確認しなければならない。

　どうしても個人所有のパソコンや携帯電話を解析したい場合は，交渉に長けたベテラン弁護士に相談して，同意を取り付けることが重要であると考える。

⑷　事例4：現地法人役員の横領（海外）

　タイの現地法人の役員であるタイ人のT氏は，自身が役員を兼務している印刷会社を下請けに使い，他社より高い金額で取引をして不当に経費を横領および着服しているとして従業員より内部告発があった。

　これを受け，社内でヒアリングを行ったところ共犯者がいることが示唆され，

発注フローを見直したところ共犯者はD氏ではないかと疑われた。

　また，当該告発を基に発注に関わる帳票類を精査した結果，把握している発注数量と現地法人から税務署へ提出している「Tax Invoice」の数量を比較すると著しい乖離があり，在庫数量からの支払も全く一致しないことから，何らかの不正行為が存在している可能性が高いと判断した。

　しかしながら，いまだに両名が不正を働いている明らかな証拠は検出されていない。

　さらには経理マネージャーであるR氏も支払担当の責任者であり，購入の際は支払承認を行っていたはずであるため，本件について黙認あるいは結託している可能性があった。

● 対象物
　T氏のデスクトップパソコン
　D氏のデスクトップパソコン
　R氏のデスクトップパソコン
　ヒアリングにて提出されれば各人の携帯電話
● 解析項目
　証拠保全，データ復元，メール解析，WEB閲覧履歴解析，外部接続機器解析，ファイルアクセス履歴解析，SMSの解析（携帯），アプリケーション解析（携帯）調査報告書

【デジタル・フォレンジック調査の観点からの注意点】

　このような事案はよくあるが，タイなどでは日本ほど情報セキュリティやコンプライアンス分野が進んでおらず，整備が必要と感じる。ただ，その国々の文化も尊重すべきところなので，ビジネスの速度が遅くならないように注意を払う。

　また，ここで注目したいのが内部通報の活用である。日本人よりも内部通報を活用していると感じる。悪いことは悪いとしっかり声を上げ，それに対して企業側はしっかりと対応する。これがよい企業文化を作る要因ではないだろうか。

◇章末理解度チェック◇

No.	問　　題	Yes/No
1	デジタル・フォレンジックとは訴訟手続に適用できるよう，デジタル証拠を識別し，保存し，分析し，提示するプロセスである。	Y□/ N□
2	デジタル・フォレンジック調査の対象となる物は，主にパソコン，サーバー，ネットワーク機器，スマートフォン，外部接続機器，外部記憶媒体，情報家電など，デジタルデータを扱う機器全般がその対象となる。	Y□/ N□
3	デジタル・フォレンジック調査の対象となる物の中にいわゆるガラケーは入っていない。	Y□/ N□
4	デジタル・フォレンジック調査のプロは，各地方や地域，国家の法律，時には国際法において，証拠収集・保全プロセスがどう定められているかの詳細を熟知している必要がある。	Y□/ N□
5	デジタル・フォレンジック調査では企業内で起こる情報漏えい，談合，インサイダー取引，不正会計，キックバック，ハラスメント，横領のような事案に活用できる。	Y□/ N□
6	デジタル・フォレンジック調査ではサイバー攻撃のように情報処理機器を対象とした不正アクセスや機密情報の窃取等のセキュリティ・インシデントが発生した場合にも活用される。	Y□/ N□
7	デジタル・フォレンジック調査の必要性が増してきたのは，この10年間でコンピュータ関連犯罪（サイバー犯罪）や企業における不正・不祥事の件数が増加したことが挙げられる。	Y□/ N□
8	フォレンジックツールとフォレンジック技法は裁判での証拠として提出する特別な技術のため，セキュリティ機器の更新状況などの脆弱性の確認や障害対応では使用できない。	Y□/ N□
9	デジタル・フォレンジック調査において初期化されたパソコンを解析し，データの復元を行うことは不可能である。	Y□/ N□
10	従業員が使用していたパソコンの再配備または廃棄する際にデータを保管するため，フォレンジックツールを使用することができる。	Y□/ N□
11	従業員が組織を退職した時に，その従業員のワークステーションからデータを保全し，将来必要になったときに備えて保管することができる。	Y□/ N□
12	さまざまな削除データが無事に復元されたデータの中には，文字として読めるもの，読めないもの，開くもの，開かないもの，システム情報などがある。	Y□/ N□

13	デジタル・フォレンジック調査では，パソコンや携帯電話やネットワークなどの技術情報を常に最新の情報を得ておくことが大切であり，不正行為を働いたと思われる対象者の行動心理や動機や不正の機会を知る必要はない。	Y□/ N□
14	ネットワーク・フォレンジックの基本的な流れはそれぞれのフェーズの頭文字を取って「OSCAR」と呼ばれている。	Y□/ N□
15	企業から「社内調査をして何もなかったから簡単でいいので報告書だけ書いてほしい」との依頼がきた場合は，社内調査担当にその経緯や調査手法や調査結果などを詳細にヒアリングを行い，それに基づいて報告書を作成する。	Y□/ N□

◇章末理解度チェック・解答◇

No.	解答	備　考
1	Yes	元々デジタル・フォレンジックは訴訟手続に適用するために確立されてきた手法であり技術である。そこを逸脱して行うのはデジタル・フォレンジックではない（P182参照）。
2	Yes	昨今ではセキュリティツールやIoT機器の種類も増えており，今後も対象となる物は増えていくと予想される（P186〜P187参照）。
3	No	ガラケーの中にはフォレンジック調査ができないものもあるが，可能な機種もある（P187，P193参照）。
4	Yes	中国などでは法律により保全したデータを国外に出すことができないこともあるので中国国内で完結させる必要があるなど，デジタル・フォレンジックは機密情報を扱うため，法律などは特に注意を払う必要がある（P183参照）。
5	Yes	昨今ではパソコンや携帯電話などは当たり前に使用している状況から，デジタル情報を解析することは，どのような状況にしろ有益である（P205参照）。
6	Yes	ここ数年はサイバー攻撃による情報漏えいなどの被害が多くなってきていることで原因究明や被害範囲の特定などにデジタル・フォレンジックが活用されている（P187参照）。
7	Yes	2010年からコンピュータ犯罪は圧倒的に増えている。警視庁からの発表によるとサイバー犯罪の検挙数は，2010年には6,933件だったが，その10年後の2020年には9,875件と約1.4倍に増加している（P185参照）。
8	No	フォレンジックツールや技法は原因究明や被害範囲を特定することを目的とした技法であるため，脆弱性の確認や障害対応でも活用できる（P187参照）。
9	No	たしかに初期化されたパソコンよりされていないパソコンのほうが復元されるデータ量は多いが，決して初期化されているからといって復元が不可能なわけではない。ただし，対象パソコンの製造年月日や状態によって左右されることもある（P228参照）。
10	Yes	保管する方法としてフォレンジックツールを使用することでデータを改変することなく，安全にデータを保管できる。また，何か不測の事態が起こった時にもこの保管したデータを使用することで法的な事案も含めてさまざまな状況に対応できる（P188，227参照）。

11	Yes	たとえば，元従業員が退職して半年経って残業代未払いの請求をしてきた場合，元従業員が退職届けを出した時点で在籍中に使用していたパソコンのデータを保全（保管）しておけば，その保全（保管）データを解析することによって，より多くの当時の状況を調べることができる。それによって実際に残業していたのか否かを判断できる情報が得られる（P188，227参照）。
12	Yes	復元されたデータは必ずしもすべてが読める状態ではない。たとえば，メールであれば送受信元の情報は復元されたが，メール本文は文字化けして読めないといった場合もある（P211参照）。
13	No	調査対象者の行動を理解することによって，膨大な電子情報を多角的に分析し，有用な情報や，さまざまな履歴，メールなどのつながりを浮かび上がらせ，証拠や有用な情報を導くことができる（P195参照）。
14	Yes	①情報の収集（Obtain Information），②戦略（Strategize），③証跡・ログの収集（Collect Evidence），④解析・分析（Analyze），⑤報告・報告書作成（Report）（P217参照）。
15	No	伝聞だけで報告書を作成することはできない。再度，1からフォレンジック調査を行い，第三者的に本当に何もなかったのかを解析および証明しなければ報告書を書くことはできない（P214参照）。

【第5章 参考文献】

● 平成30年　警察白書
　https://www.npa.go.jp/hakusyo/h30/pdf/pdfindex.html
● デジタル・フォレンジック研究会
　https://digitalforensic.jp/
● NRIセキュアブログ
　https://www.nri-secure.co.jp/blog/cyber-security-insident-response-team
● 安冨潔・上原哲太郎ほか『基礎から学ぶデジタル・フォレンジック』（日科技連出版社，2019年）
● Michael G. Solomon, K. Rudolph, Ed Tittel, Neil Broom, Diane Barrettほか『デジタル訴訟の最先端から学ぶコンピュータ・フォレンジック完全辞典』（幻冬舎ルネッサンス，2012年）

索　引

英数

e ディスカバリー··················· 225

OS····································· 199

あ行

アクセスログ························· 68

アンケート···················· 30, 58, 94

暗号化································ 221

一事不再理の原則··············· 44, 65

委任契約······························ 63

違法建築····························· 109

依頼者への事前開示··············· 102

インタビュー························ 143

ウェブ方式···························· 82

売上の過大計上························ 5

売掛金······························· 153

疫学的認定··························· 101

応急措置······························ 27

押し込み販売··················· 134, 154

か行

買掛金······························· 160

回帰分析····························· 129

会計操作····························· 131

会計不正······························ 56

会計不正の発覚経路··················· 7

解雇································· 65

解雇権濫用法理······················ 65

改正公益通報者保護法················ 12

カイティング························ 149

解任································· 66

概要報告書···························· 92

架空売上····························· 154

架空在庫····························· 168

架空発注····························· 166

仮説検証アプローチ·········· 29, 119, 121

過大計上····························· 135

課徴金································ 54

関係者調査···························· 60

監査役監査基準························ 19

間接証拠····························· 100

監督官庁······························ 31

監督者································ 69

ガントチャート··················· 58, 59

管理処分権···························· 69

機会·································· 42

企業等不祥事における第三者委員会ガイド

　ライン······························ 22

客観的証拠················· 29, 79, 87, 99

客観的資料···························· 57

供述証拠··························· 79, 99

供述録取書···························· 92

行政責任······························ 54

強制捜査··························· 32, 33

強制突合····························· 138

業務執行権限·························· 66

業務上横領罪·························· 55

クラウド・フォレンジック··········· 193

グループ内部統制····················· 52

グレー認定··························· 101

経営責任······························ 45

警察白書 183
刑事責任 55, 106
件外案件 94
件外調査 59, 68
現金 146
降格 45
工事進行基準 171
交通費 93
公的資料 75
高度の蓋然性立証 101
公表版 41, 101
合理性テスト 129
合理的な推定 123
勾留 33, 34
コーポレート・ガバナンス 53
告訴 44
告発 44
戸籍謄本 76
固定資産評価証明書 75
雇用契約 63
コンピュータ・フォレンジック 184
コンプライアンス 53, 185

さ行

サーバー 197
サイバー攻撃 212
再発防止策 41, 43, 99
財務諸表監査 119
財務分析 128
査閲 142
詐欺罪 55
資産の流用 4, 133, 136
事実認定 30, 98, 99, 145
姿勢・正当化 42

事前の質問事項開示 85
自宅待機命令 65, 67
質問状 58, 77
辞任 66
四半期報告書 35
私物 69
司法取引 55
社会的非難 53
社内処分 104
収益の架空計上 134
収益費用の計上時期の操作 135
従業員 62
自由心証主義 122
住民票 76
循環取引 134, 154
商業登記簿謄本 76
証拠隠滅 65, 66
証拠隠滅罪 33
証拠の収集 29, 70
証拠の評価 100
証拠の保全 27, 67, 190, 201
上場会社における不祥事対応のプリンシプル 18
証憑突合 142
情報管理体制 27
情報収集 123
情報漏えい 107
初期調査 24, 26
所持品検査 74
資料の返還 103
信用性 79
趨勢分析 128
スキミング 136
ステークホルダー 18, 22, 41, 53, 97

スプーフィング……………………… 221
スマートフォン…………………… 205
正当な理由………………………… 105
税務申告書………………………… 77
セキュリティ・インシデント…… 183, 185
窃盗罪…………………………… 55, 70
善管注意義務………………… 52, 63, 105
全部事項証明書…………………… 75
専門性……………………………… 55
捜索・差押え……………………… 33
捜査当局…………………………… 31
贈賄………………………………… 112
その他の投資資産………………… 159
損害賠償請求……………………… 44

た行

第三者委員会…………… 18, 22, 39, 53
退職………………………………… 65
退職者……………………………… 63
退職届……………………………… 65
逮捕…………………………… 32, 33, 34
多重精算…………………………… 140
棚卸資産…………………………… 157
談合………………………………… 110
ダンプ……………………………… 193
中間報告…………………………… 102
忠実義務……………………… 52, 105
懲戒処分……………… 44, 67, 87, 104
調査協力義務………………… 62, 65
調査計画……………………… 28, 57
調査対象事実……………………… 98
調査体制………………… 27, 28, 98
調査範囲…………………………… 59
調査妨害…………………………… 64

調査報告……………………… 165, 191
調査報告書……… 24, 27, 30, 41, 97
調査方法…………………………… 98
直接証拠…………………………… 99
追加調査…………………………… 102
通報体制整備義務………… 13, 14
データカービング………………… 211
データ復元………………………… 210
適時開示制度………………… 35, 37
デジタル・フォレンジック……… 182
デジタル署名………………… 183, 191
電磁的記録………………………… 29
伝聞証拠禁止の原則……………… 122
動機・プレッシャー……………… 42
登記事項証明書…………………… 76
独立性……………………………… 56

な行

内部監査…………………………… 11, 25
内部通報………………… 7, 11, 25, 26
内部統制………………… 7, 43, 69, 137
日当………………………………… 93
任意性……………………………… 79
任意捜査…………………………… 32
ネットワーク・フォレンジック
………………………… 184, 193, 215

は行

ハードディスク…………………… 200
灰色認定…………………………… 101
配転………………………………… 45
派遣社員…………………………… 63
パススルー・スキーム…………… 139
ハッシュ値……………………… 183, 191

反面調査 …………………………………… 144
ヒアリング ……………………………… 57, 79
ヒアリング実施者 ………………………… 84
ヒアリング対象者 ………………………… 79
秘密保持 …………………………………… 88
比率分析 ……………………………………129
品質偽装 ……………………………………106
ファスト・フォレンジック ……………194
フォレンジック ……………………118, 182
フォレンジック・アカウンティング … 118
フォレンジック・データ分析 …………184
複式簿記 ……………………………………131
負債，費用の隠蔽 ………………………136
不祥事 ………………………………………… 2
不正 …………………………………………… 2
不正支出による流用 ……………………138
不正調査 ……………………………………119
不正調査ガイドライン ………………… 2, 20
不正の端緒 ……………………………… 23, 25
不正の手口 …………………………………131
不正報酬 ……………………………………173
不正リスク要因 …………………………… 42
物理コピー ………………………… 191, 202
不適切な資産評価 ………………………135
不適切な収益認識 ………………………135
不適切な情報開示 ………………………136
不動産登記簿謄本 ………………………… 75
プライバシー …………………… 71, 73, 125
フラッシュメモリ ………………………200
プレス・リリース ………………………… 37
プロキシ ……………………………………221
粉飾決算 ………………………………… 4, 133
ペイ・アンド・リターン・スキーム … 139
ベスト・プラクティス …………………… 22

弁護士会照会 ……………………………… 78
弁護士の立会い …………………………… 85
報告義務 ………………………………… 63, 66
法的調査 …………………………………… 52
冒頭説明 …………………………………… 88
法令上の報告義務 ………………………… 34
簿外債務 ……………………………………163
ポジションペーパー ……………………… 37
ホットライン …………………… 30, 58, 96
本格調査 ………………………… 24, 28, 60

ま行

未払債務 ……………………………………160
民事責任 ………………………………… 54, 105
メディア ………………………………… 35, 199
メモリー・フォレンジック ……………193
モニタリング …………………… 43, 69, 72
モバイル・フォレンジック ……………193
モバイルデバイス・フォレンジック … 184

や行

役員 ……………………………………… 63, 66
有価証券 ……………………………………159
有価証券報告書 …………………………… 35
要約版 ………………………………………101
預金 …………………………………………149

ら行

ラーセニー …………………………………136
ライブ・フォレンジック ………………193
ラッピング ……………………… 138, 150, 155
リスク・アプローチ ……………………119
リニエンシー制度 ………………………… 54
臨時報告書 ……………………………… 35, 38

連結外し…………………………… 170

録音………………………………… 86, 89

録音反訳…………………………… 91

録画………………………………… 89

論理コピー………………………… 202

わ行

ワークステーション……………… 198

弁護士法人
トライデント

【編著者紹介】

弁護士法人トライデント

　弁護士法人トライデントのトライデント（三叉槍）には，以下の3つの意味が込められている。
① 経営陣による経営
② 法務
③ 財務
　「トライデント」の由来は，ギリシャ神話の海の神ポセイドンの武器である三叉槍にちなみ，主軸である「経営陣の経営」を法律と会計の双方槍でしっかりガードする意味を込めている。開業当初からの理念である「法律と会計の両面から経営者に寄り添うホームドクターでありたい」という初志を法人全体にもしっかりとつないでいる。設立メンバーは，いずれも弁護士と公認会計士の両資格を保有し，十分な実務経験と資質を備えており，互いの強みを活かしたシナジー効果を顧問先およびクライアントに提供している。

アスエイト・アドバイザリー株式会社

　「明日へと続く未来社会に貢献する」を理念に掲げ，メイン事業であるデジタル・フォレンジック調査を中心に脆弱性診断／ペネトレーションテスト，情報セキュリティの構築支援，サイバーセキュリティ保険等を日本，ベトナム，タイ，シンガポールなど，アジア諸国を中心に提供している。組織における不祥事や不正の抑止，防止，発見をコンセプトにコンプライアンス，情報セキュリティの垣根を超えて各種企業等にサービス提供している。

【執筆者紹介】

古島 守（ふるしま・まもる）

弁護士・公認会計士

平成5（1993）年公認会計士試験合格。平成19（2007）年新司法試験合格。令和3（2021）年弁護士法人トライデント共同設立。公認会計士として監査業務・FAS業務，不正調査・フォレンジック業務を多数経験した後，弁護士としてM&A・会社関係訴訟・事業再生，相続・事業承継を専門とする。また多数の上場企業および金融機関の社外役員を務め，ガバナンスやコンプライアンスの観点からアドバイスを提供している。

著書（いずれも共著）に『会社役員規程マニュアル』（改訂版加除式）（新日本法規，2003年），『Q&A 株式・社債等の法務と税務』（改訂版加除式）（新日本法規，2006年），『下請契約トラブル解決法』（自由国民社，2016年），『社外役員の実践マニュアル』（中央経済社，2021年）などがある。

横張 清威（よこはり・きよたけ）

弁護士・公認会計士

平成13（2001）年司法試験合格。平成24（2012）年公認会計士試験合格。令和3（2021）年弁護士法人トライデント共同設立。M&A・会社法・金融商品取引法・労働問題を専門とし，多数の上場企業・ベンチャー企業に法務・財務に関するサービスを提供している。著書に『ストーリーでわかる営業損害算定の実務 新人弁護士，会計数値に挑む』（共著，日本加除出版，2016年），『ストーリーでわかる初めてのM&A 会社，法務，財務はどう動くか』（日本加除出版，2019年），『社外役員の実践マニュアル』（中央経済社，2021年）などがある。

亀井 孝衛（かめい・たかえ）

弁護士・公認会計士

平成12（2000）年公認会計士試験合格。平成23（2011）年司法試験合格。令和3（2021）年弁護士法人トライデント共同設立。銀行，監査法人金融部門，PEファンド等にて，金融実務，監査業務，FAS業務，企業投資実務等を経験した後，弁護士として多数のM&A，企業再建，倒産事件に関与。企業法務，M&A，事業再生・倒産，FAS業務等を専門とし，多くの企業に法務・財務の両面からサービスを提供している。著書に『社外役員の実践マニュアル』（中央経済社，2021年）などがある。

平木 太生（ひらき・たいき）

弁護士・公認会計士

平成19（2007）年公認会計士試験合格。平成28（2016）年司法試験合格。令和3（2021）年弁護士法人トライデント参画。M&A・不正調査・会社法などを中心に，企業法務全般を取り扱っている。自身もSNSによる情報発信やブログ運営を行っていることから，アフィリエイト，SNS支援，ECサイト構築等を業務とする顧問先が多い。弁護士業とともに公認会計士試験予備校であるCPA会計学院の講師（企業法）を務め，後進育成にも力を入れている。著書に『司法試験・予備試験 この勉強法がすごい！』（中央経済社，2019年），『図解でわかる 試験勉強のすごいコツ』（日本実業出版社，2022年）『社外役員の実践マニュアル』（中央経済社，2021年）などがある。

藤井 貴之（ふじい・たかゆき）
弁護士・公認会計士試験合格者
平成24（2012）年司法試験合格。令和3（2021）年公認会計士試験合格。令和4（2022）年弁護士法人トライデント入所。弁護士として企業法務全般，相続関係，損害賠償請求（交通事故，労災事故，学校事故等）を主に取り扱うほか，公認会計士試験合格者として監査業務・FAS業務等に携わる。

田中 大祐（たなか・だいすけ）
平成13（2001）年，留学，就労していたアメリカより帰国。その後アパレル業界，ブライダル業界を経て，リーガルテック業界に入り，平成28（2016）年，アスエイト・アドバイザリー株式会社を設立する。
前身となる会社ではE－ディスカバリー支援を中心にコンサルティングチームや技術チームに身を置き，現在では国内外の企業や組織内に起こる不正や不祥事またはサイバー攻撃による被害の特定などデジタル・フォレンジック調査を中心にリーガルテック業界の認知度拡大に努めている。

不正調査の「法律」「会計」「デジタル・フォレンジック」の実務

2023年1月1日　第1版第1刷発行

編著者　弁 護 士 法 人
　　　　ト ラ イ デ ン ト
　　　　アスエイト・アドバ
　　　　イザリー株式会社

発行者　山 本 　 　 継

発行所　㈱ 中 央 経 済 社

発売元　㈱中央経済グループ
　　　　パ ブ リ ッ シ ン グ

〒101-0051　東京都千代田区神田神保町1-31-2
電話　03 (3293) 3371(編集代表)
　　　03 (3293) 3381(営業代表)
https://www.chuokeizai.co.jp

印刷／㈱堀内印刷所
製本／㈲井上製本所